爆款文案写作指南

故事营销的24堂核心课程

李洛克——著

浙江人民出版社

图书在版编目 (CIP) 数据

爆款文案写作指南 ： 故事营销的 24 堂核心课程 / 李洛克著 . — 杭州 ： 浙江人民出版社，2019.9

ISBN 978-7-213-09445-3

Ⅰ. ①爆… Ⅱ. ①李… Ⅲ. ①广告文案—写作—指南 Ⅳ. ①F713.812-62

中国版本图书馆 CIP 数据核字（2019）第195241号

浙江省版权局著作权合同登记章图字：11-2019-192号

爆款文案写作指南：故事营销的 24 堂核心课程

李洛克　著

出版发行：浙江人民出版社（杭州市体育场路 347 号邮编 310006）
市场部电话：（0571）85061682 85176516
责任编辑：毛江良　何英娇
营销编辑：陈雯怡
责任校对：朱　妍
责任印务：聂绪东
封面设计：北极光
电脑制版：北极光
印　　刷：北京阳光印易科技有限公司
开　　本：710 毫米 ×1000 毫米　1/16　　印　　张：13
字　　数：134 千字　　插　　页：1
版　　次：2019 年 9 月第 1 版　　印　　次：2019 年 9 月第 1 次印刷
书　　号：ISBN 978-7-213-09445-3
定　　价：48.00 元

目录

CONTENTS

PART 2 故事构想与流程

PART 3 要素解析

CONTENTS

前言

PREFACE

将值得说的，好好说好

如同商品需要文案包装，我们的人生也需要故事封装。

2016 年夏天，我带着合作写手，到板桥采访一位 40 多岁的女性视障者。当时我正在做一本与有关部门合作的公益出版物的筹备工作，之后还有影像制作与千人营销活动要执行，忙得不可开交。

采访结束要走之时，我与受访的视障者礼貌性地握了握手，但她突然用双手将我的手抓紧，有些激动地对我说：“谢谢你看到我身上的故事。”

她过分感激的姿态反倒让我有些不好意思。

她说，当初接到我的电话邀约，要为她做一个个人专访时，她本来想婉拒的，因为她觉得自己只是一个平凡人，实在没有什么好报道的。

但她听到电话另一头的我说："我相信你一定也有你的故事。"

就是这句话让她对自己有了一些自信，鼓起勇气接受了那次采访，结果也让她非常满意。

出版物面市一阵子后，我们在一场活动上再次见面，我吓了一跳，她整个人好像亮了起来，从表情、肢体到语调，都不像是之前采访时有些黯淡阴郁的样子。

她笑着对我说，现在的她逢人就会说起自己的故事，她开心地说："我现在已经是一个有故事的人了。"

原来，成为一个有故事的人，能说自己的故事，是一件这么让人幸福的事。

PREFACE

这也是我想将本书分享给你的原因。

我是一个标准的 π 型人①，同时热爱写作与营销。

写作圈的朋友介绍我时，总会说我是有能力自造流量的新型写作者。

在企业进行故事营销内训时，主持人则会介绍我同时也是小说家与电影编剧。

说故事与做营销这两个看似不相干的专长，对我来说其实是同一件事，都是将商品或理念通过提炼与设计后，传达给目标受众，引发他们心中的感触，创造正向的回响。

简单来说就是，“将值得说的，好好说好”。

这是故事营销的任务，也是你我的人生责任。

---

① 具有双专长、跨领域的高适配型人才。

时间慢慢带走了我们的生命，却也在我们的生命中留下了故事。

我曾经因失去亲人而痛哭，我曾经从绝望的低谷里爬出，我曾经因帮助了他人而感到满足，这些都是我的故事，而你一定也有。

如同商品需要文案包装，我们的人生也需要故事封装。

虽然本书主讲故事营销，能让你的品牌或商品故事有个明确的做法，但其实这些技巧同样也能帮助你写好你的人生故事。

我相信你一定也有你的故事。

请你好好享受这本书，从里头尽情“搜刮”对你有用的技术，然后用它为你的商品写文案，更要用它为你的人生写故事。

感受一下，能说自己的故事，是一件多么幸福的事。

PART 1

定义『故事营销』

如果你对故事营销的理解只停留在“为商品说故事”上，你可能就束手无策了。但要是你理解了故事营销其实是在为事物附加心理价值，就算只给你一个标题的空间，都足够让你做好故事营销。

你只需要记住这句话：故事营销就是为事物附加心理价值，改变受众原有的观感。

01 故事营销到底在做什么

为事物附加心理价值，改变受众原有的观感。

你能不能尝试自己解释一下“故事营销”是什么呢？要学故事营销，总该先知道它到底是什么吧！你想了想，修正几次后，应该可以说出类似的话：“通过故事包装商品，让商品形象变好，更容易被大众记忆与讨论，最后达到提高销售的目的。”

可能词汇上有些不同，但大抵意思应该一样，都认为故事可以为商品加分，故事容易被传播，故事能夹带情感。

如果你觉得这样还不够清楚，决定上网查一下故事营销的定义，你可能会找到类似这样的说明：“故事营销，就是以故事为载体包装商品，促使顾客行动的营销模式。顾客通过故事情境描绘对未来的期待、触动内心情感、感召崇高理念，让故事价值观或商品形象得以长存人心，甚至引发传播与讨论。”

以上是我将网络上对故事营销的多种定义，整合改写后的产物。如果参加考试，这个定义应该可以帮你拿分了。但有没有更浅显易懂的说法，让我们明确知道该怎么做故事营销呢?

再请你思考一个问题，“故事营销”和“说故事”有什么不同?

我猜猜看，你可能会说：“故事营销是‘有目的地说故事’，背后有引发销售或特定行动的动机，所以需要设定目标，包装商品。”

听起来蛮合情合理、有模有样，对吧?这是我在主讲多场故事营销辅导课程时最常听到的回答。如果上述回答是正确的，那我是不是可以这样说：“故事营销就是‘为商品说一个故事’?”

正因为许多民众都认为是这样，所以文创产业或故事营销就变成了编故事大赛，凤梨酥有故事，茶叶蛋有故事，鱿鱼羹也有故事。

举凡有关部门办的活动、地方商家的行动、中小企业的跟风，全是这样的做法，不管什么商品、什么文化、什么活动，先为它编一个故事就对了。

过度泛滥之下，终于让大众看到商品故事就想偷笑，看到故事营销就觉得是在说谎或吹牛。你也可以问问你自己，你真的被商品或品牌故事打动过几次呢?如果很少被打动，那是因为说故事的技巧不够好呢，还是因为说故事其实是无效的呢?

说故事无效实在是太违背我们的认知了，毕竟电影、戏剧总是让一堆观众感动流泪。问题只在于故事与营销该怎么结合罢了。

现在，我想将问题反过来问：**“故事营销可不可以‘不说故事’呢?”**

看到这，你一定觉得，太矛盾了吧？都名为“故事营销”了，怎么还可以不说故事呢？

当然做得到，至于怎么做，请放心，我后面会告诉你。

我想先让你知道的是，**当故事营销只流于说故事的时候，手法就被限制住了。**

到底故事营销的本质是什么？我想先跟你说一个超酷的营销案例。

故事营销的本质

加拿大麦片饼干雪帝士（Shreddies）是当地的老牌子，它是一种正方形的饼干。将麦片饼干泡进牛奶当早餐吃也不是什么新鲜事，雪帝士的销量稳定从另一个角度来解读就是销量增长停滞，这时营销人员的难题就在于，如何突破已稳定的销量。

当然，如果公司有大笔预算可以制作高质感广告，提升产品质量，投放媒体大量曝光，那么让销量再增长不是难事。

但你也知道，营销人员最大的困境永远是手上没人没钱甚至没有时间，却依然要做出让老板满意的成绩。

因此，雪帝士营销人员的难题就是，如何用最低的成本突破已稳定的销量。

砸大钱找明星代言？不可能。将配方升级或增加分量？也不可能。将广告长时间在热门时段投放？那是超贵的，更不可能。

新款雪帝士钻石饼干的文宣

这时营销人员灵机一动，决定将方形饼干全新改版上市！

慢着，全新改版上市也要花大钱吧？就算仅仅是将正方形的饼干改成圆形，整个生产线恐怕也要大改造啊！

这点营销人员当然也知道，于是他们决定将正方形的饼干改版为“全新钻石形雪帝士”，就像上面的图片。

等等，你应该会愣了一下，接着大喊：“骗谁啊，这明明是一样的东西啊！只不过是将原本正常放置的饼干转了 45° 而已，根本什么都没变啊！”

不不不！不是这样的，雪帝士不停地在文宣上强调：原本的正方形超无聊，而新版的钻石形则是非常令人兴奋的！

摸着良心说，这听起来实在有点把人当白痴耍，顾客没有这么笨吧？的确，顾客没有这么笨，雪帝士营销人员更不是大笨蛋，他们要玩这招之前，已经做过了市场调查。

他们找来了一批消费者做实验，同时摆出新旧版本，问他们看到两者的感觉，也请他们吃吃看新旧两版哪种比较好吃（虽然明明是一模一样的）。

当然，有些消费者一看到新旧两版就笑了，也有消费者直接说这根本是一样的吧。他们的睿智就如同你我一样，一眼就看出了这根本是一样的东西。

但有意思的事发生了，也有部分消费者说，他们觉得新版本比较有趣，甚至有消费者吃完了新旧两版之后，相当肯定地说："钻石版的比较好吃！"这又该怎么解释呢？

虽然实验结果显示有些消费者支持新版钻石形，但雪帝士知道，这样的创意做法其实有些风险，不是每个加拿大人都能接受所谓的"新版"。

于是他们决定在钻石新版之外，推出另一个折中方案，满足喜欢旧版的顾客。他们决定推出"正方形＋钻石形"的组合包，一包内就混合装了新旧两个版本（虽然根本没有人可以区分），要新要旧你说了算。

直到这里，你是不是依然觉得这是一场闹剧呢？但数字会说话，新版钻石雪帝士推出了一个月，销量就上升了 18%。

这超级可怕呀，因为从实质改变的角度来说，雪帝士其实什么都没有做啊。

不只如此，更夸张的是在品牌认知度上，雪帝士比竞争对手远远高出 52%，狠狠地把对手甩在了后头。而且别忘了，它们实际上什么改变都没有，只是硬把正方形说成钻石形啊！这到底是什么“巫术”啊？

其实这一整套的营销手法，正是故事营销在做的事。

故事营销做的到底是什么？我会这样说：

“故事营销就是为事物附加心理价值。”

想想这一系列活动，雪帝士到底为他们的麦片饼干附加了什么心理价值呢？难道真的转了 45° 之后，麦片饼干就会神奇般地从超无聊变得令人兴奋吗？当然不是的。

模拟一下，如果这件事真的在中国发生了，你其实跟所有人一样，知道这只是一场假正经的搞笑，但你心中对于雪帝士这个品牌会有什么想法呢？

是不是会觉得这是一家超有哏、超有创意、超级有趣的公司呢？连带的，你会想知道一件事，“正方形”跟“钻石形”吃起来真的一样吗？虽然明知道会是一样的，但你应该还是会忍不住想买一盒来吃吃看吧！

就算味道真的一样好了，你还可以用它来跟你的朋友闲聊，成为你的趣味话题，因为新闻上、网络上大家都在讨论它啊！这样想想，这盒麦片饼干买得真是太划算了！

创意、有趣、幽默、成为话题，就是雪帝士真正为麦片饼干附加的正向心理价值。

而故事营销为商品编故事这一招，其实也是希望通过感动或有趣的故事内容，为商品附加正向的心理价值。

这时你可能怀疑，人脑真的有这么脆弱吗？同样的事物附加了心理价值就会改变我们对它的感受？没那么简单吧！

没关系，我再跟你分享一个有趣的街头实验。

心理价值能改变观感

请问，你吃过麦当劳吧，你觉得它好吃吗？如果我说麦当劳其实可以算得上是“美食”，你同意吗？

说麦当劳好吃，你可能勉强同意（当然一定也有人不同意）。但要说麦当劳是美食，应该就很少有人会认同了。

但你知道吗，对许多美食家来说，麦当劳其实是一种“高档美食”喔！

2014 年，有两名荷兰男子跑去麦当劳买了汉堡鸡块，接着到高档餐厅的美食展上，将汉堡鸡块重新切块，插上小牙签，摆在精美的瓷盘里。

两人一位扮演服务生，一位扮演电视台记者，请在场的美食家们试吃这些“有机食材料理”并评论。结果美食家们怎么说呢？

有人说：“肉质紧实，很好吃。”也有人说：“这肉的味道浓郁丰富。”甚至有人说：“感受到嘴里释放的温度，有很多不同层次的味道跑出来。”

天啊，这真的是太扯了！最后假记者还故意询问美食家们，这个比麦当劳好吃吗？而所有受访者都一致表示，这肯定比麦当劳好吃多了。

看完这个试验，现在你还敢说人类不会因为附加了心理价值而改变观感吗？

人类的大脑真的很脆弱，这些附加的心理价值强大到可以扭曲现实、改变感受。难怪我们到一些服务体贴、装潢气派的餐厅，总会觉得他们的餐点比较精致好吃。

因为让我们提升感受的不是餐点，而是服务与装潢为餐点附加的心理价值呀！

因此，策划故事营销，我们真正要关注的是怎么为商品附加心理价值，附加什么心理价值，而非只是变成编故事大赛。

故事营销的迷思

正因为**许多人的认知是“故事营销等于为商品说一个故事”**，所以才会觉得故事营销很难操作，成效也很糟糕。

我有次到某大学的文创系作演讲，因为上一堂课还没结束，我听到了该系的主任在为学生讲解什么是故事营销。

主任先播了一段有剧情的国际知名品牌广告，在这段广告中，一位白人青年到风景优美的深山里的少数民族村落旅游，与当地人交流，甚至与当地的一位美女发展出一段恋情。

播完后，主任问学生看到了什么剧情，让他们猜广告在卖什么商品。学生们回答了好几种可能的商品，因为在广告中商品并没有被明显凸显。接着主任解释：“故事营销就是不直接推商品，改为把商品融进故事里呈现，让顾客更自然、不抗拒地接受商品信息。”

我听完后，不否认这的确是故事营销能达到的效果之一，也是我们一般认知的故事营销操作手法。但我上台后，只问了学生一个问题：“你觉得像这样的影片拍出来要花多少钱？”

学生的答案当然离行情有段距离。

我再问：“如果你们没有钱拍一个精美感人的故事，你还有办法做故事营销吗？”

这时有人可能会说：“可以写成一篇文字故事。”

写成文字当然可以，但现在是信息爆炸的时代，许多人的视线都被手游、动漫、影片占满，根本没有耐心看完一篇 2000 字的感人故事。如果他只有 30 秒的耐心看完 100 多字的内容（可能还更短），那么，问题就来了——这个篇幅根本不够你讲故事。

这时，你怎么做故事营销呢？

如果你对故事营销的理解只停留在“为商品说故事”上，你可能就束手无策了。但要是你理解了故事营销其实是在为事物附加心理价值，**就算只给你一个标题的空间，都足够让你做好故事营销。**

千万别说不可能，无论你是想说一个长长的感人故事，还是只有短短一个标题的篇幅，我后面都会告诉你怎么去做到。

你只需要记住这句话：**故事营销就是为事物附加心理价值，改变受众原有的观感。**

因为故事营销几乎是跨界结合了营销、文案、故事的知识，它们就像鼎的三只脚，缺了哪一只都不行。所以接下来，我要先帮你浓缩一下“营销、文案、故事”的关键知识，打好底子，才能往“编写商用故事”的道路上前进。

02 营销力：将商品推到需要的人手上

对每一组客户群，你都该弹性调整，不可能一套说辞通吃所有人。

你有没有想过，为什么一件商品或一种服务会存在？

它们是凭什么长久存在而不会被取代或被淘汰的呢？

这时候你可能会说：因为有人需要啊！

如果一个商品或服务，它们不被任何人需要了，或者说需要的人的数量少到让它无法营运了，那它自然慢慢就会被淘汰。

从 BB 机、磁带随身听到巷口小杂货店都是这样，因为时代趋势，因为市场竞争，它们慢慢消逝在人们的记忆中。

“需要”这个词虽然浅显易懂，但我更喜欢讲另外一个词——**价值**，对故事营销来说，我觉得它更为精确。

我更喜欢这样说明：**“任何商品的存在都是为了提供价值。”**

用“价值”这个词，更能套进商业运作的模式。我们可能都听过这样的话，“任何事都要付出代价”“这世界就是等价交换”。

这一点都没有错，**商业活动本质上就是“等价交换”**。

当我感觉你的商品或服务在我心中的价值感够高，高到足以让我付出一定的金额来换取时，这时交易就产生了。我就愿意掏出钱，购买一件我觉得值的事物。

简单来说，**商品价值一旦大于或等于购买者心中的期望，他就愿意付出相应的代价行动。**

以上这句话虽然不长，但执行起来可是一点都不简单，我们可以更详细地讨论三个关键点。

关于价值的三个关键点

一、价值不等于实用

什么才算有价值？很多人常常会以为，唯有“实用”才是价值。所以做营销时思路容易走进死胡同，一旦自己的产品竞争力不如同行，就会一筹莫展。但其实，价值并不完全等于实用。我们举两个例子来看一下。

第一个例子，我先问你一个问题：可以让人发笑，是不是一种价值？那些每天在 Youtube 上搞笑的网红，他们有没有提供某种价值？

如果从实用角度来看，搞笑网红的影片就算不看其实也没什么具体损失，但是数以万计的人还是会想看啊！当网红推出各种周边产品，粉丝们还是会想买来收藏支持啊！后续来说，当网红吸引了大量的注意力，贩卖注意力对广告业主来说又是另一种价值。

这种类型的商品服务，实用性不高，但依然具备了某种价值。

第二个例子，请问名牌包包有多大的实用性呢？它的价格可能是平价包包的 100 倍，那它的容量有平价包包 100 倍吗？它有比平价包包好用 100 倍吗？肯定是没有的。但它能不能成交呢？当然可以，而且业绩还好得不得了。

像这类奢侈品，展示商品或展示品牌本身就具备了某种价值，非关实用，你若是跟购买者谈论实用性，反而会被赏一个白眼。

由此可知，**在做营销时，实用度高低不一定会决定销售成果，所以在思考自家产品价值时，请记得先摘掉“实用”这个标签。**

而故事营销的任务就是在实用之外，为商品附加心理价值。

二、代价不等于金钱

再回头看一下刚刚那句话，我后半句说到了“付出相应的代价行动”。你会不会觉得好好笑，明明就可以直白地说“付钱”嘛，何必说得这么迂回呢？

请你思考一下，**在做营销的时候，我们要的真的永远都是“付钱”吗？**

你心里一定想：“废话，销售不收钱，那还叫销售吗？”

的确是这样，我们都希望可以成交，但是我们都有办法一步登天、曝光 3 秒就立刻成交吗？这应该很难吧！我们还要经过层层行动，才可以达到我们最后的目的。

反过来想，营销时，除了要顾客掏钱，我们还希望他们做些什么事呢？从简单到困难依次是：

1. 我们可能要他愿意多看一眼或看完广告。

2. 看完之后希望他可以点击广告链接到说明页。

3. 到说明页后希望他可以留下数据资料。

4. 留下数据后也许还希望他可以来参加免费说明会。

5. 最后他对我们完全信赖了，就会放心地下单购买。

看完上面的步骤，你是不是在想，销售哪有这么麻烦啊！不就是大量投放广告，顾客进入网站看完文案，订单就直接有了嘛。

的确，如果是几百块的商品，可能不用这么麻烦，因为**顾客付出的代价低，说服难度自然也比较低。**

但是，如果你卖的是几千块、几万块的商品，你觉得顾客会像路上买杯珍珠奶茶一样随性吗？

再想想实际情况，要你“直接买一个几千块的东西”跟要你“留下电子信箱，会再寄详细的产品说明给您”，哪一个比较容易让人行动呢？肯定是有“犹豫空间”的后者嘛。

所以在营销时，我们经常会把任务拆段，其目的有时是“搜集名单”，有时是“让人分享内容”，有时是“让人参与活动”。先让**潜在购买者付出他可承受的代价，而不一定都是“金钱”，这会让营销规划更灵活。**

在应用上，故事营销往往就是扮演“创造分享曝光”与“留下印象、带动话题”的先锋角色。

三、价值不等于价格

最后你会发现，我一直用的词都是“价值”，而非“价格”。**价格是一组数字，但价值是一种感受。**

就如同前面提到的，我愿意掏钱支持网红，买一些明信片、纪念服等，但我可能一生都不会用到，我的消费是出自一份“支持感”。

我愿意花钱买奢侈品，虽然价格跟实际功能不成正比，但我的消费是出自一份“尊荣感”。

如果我们都只从商品竞争力角度来思考，两个功能一样的杯子，最后是不是只能比谁的价格低，落入降价的循环？

因此，**重点从来不是价格，而是商品对于消费者的价值。**理解这点之后，我们就该把心力用在提升商品的价值感上。

在整个营销的设计上，就是要创造“值得、划算、不会后悔”这样的感觉。这也是为什么我们要学**故事营销，就是要通过其他感受的加值，扭曲现实的规格与数据，打造一群具有“跟钱无关，我就是想要支持他们”这种心态的忠诚粉丝。**

最后产生的情感溢价效果或是品牌溢价效果，就是让我们的产品即便比别人贵，也能卖出去的主因。

找出产品定位：商品四问

我相信如果询问很多专业的文案写手，他们应该都会赞同一句话：“思考比写困难。”故事营销其实也与写文案相同，我们背后都有个目的，可能是推广，可能是销售，但都指向了某一项待包装的商品或服务。

所以规划任何营销活动的第一步，都是先摸清楚你要推销的事物，它的模样与它该在的地方。为此，我们可以先问自己四个问题。

一、功能：你的商品能做到什么?

要回答这问题，必须做到“具体”且“客观”。

父母常常觉得自己的小孩充满优点，有缺点也无伤大雅。这其实也是商品拥有者对自家商品常有的错觉。

每个老板、创业者或销售员，一定对自家商品有基本的认同，不然怎么会去创业、营业、推广。但这种认同往往会因对市场不够了解而变成错觉。

在为中小企业做咨询的时候，我总会请他们叙述自家产品的功能优势，这时我常听到一句话：“我家的东西很便宜”或“我家的东西很好用”。这就是“不具体”也“不客观”的叙述。

虽然我前文已经提过，价格便宜不会是我们的追求，但此时先不论。既然对方提出了这个优势，这时我就会反问对方：“你能保证你的东西是市面上最便宜的吗？”

我从来没有遇过敢这样保证的卖家。当下都无法保证，又何况是未来呢?

至于是不是最好用的，这要看每个人的需求，有的人喜欢穿宽松一点的裤子，有的人喜欢穿紧身一点的裤子，这时好不好穿，也无法放在一起比较。我们只能先说出具体、客观的功能，才能进一步思考它适合谁来使用。

举个例子，如果你要卖一台吹风机，请先说出它的客观、具体的功能。

- 可以调整强弱三段风力。
- 可以选择冷热风。
- 售价是 59 元。

先摸清楚自身条件，才能分析它跟竞争产品差别在哪儿，适合推给谁。

请你也试着拿张纸写写自家商品的客观功能，写完这些客观功能之后，我们再进入第二个问题。

二、受众：谁需要这个商品?

一个商品可能适用于很多人，当我问出这个问题时，我最怕也最常听的回答就是，“我的商品所有人都可以用”。

比如我问：“谁会买吹风机？”就会有人回答：“需要吹风机的人。”我知道这听起来很像笑话，但却是真实发生的事，只是商品从吹风机换成了他们自家商品罢了。

要卖东西，先要有商品或服务，然后就要思考什么身份、什么类型的一群人会需要它，再试着将会买它的人分成大大小小的类群。

我们继续以吹风机为例，哪些人群需要吹风机？可能每一个人都需要，但我们还是要去细分。

1. 一般家庭都会需要，妈妈会买一台公用的。

2. 小资族或学生在出租屋会买一台自用。

3. 职业需求，可能美容美发或宠物造型店也会需要。

4. 特别在意头发的时尚女性或时尚熟女可能同时有好几台不同功能的吹风机。

虽然还有很多分法，但我们暂时先选出这四大族群好了，即家庭主妇、小资学生、美容美发店、时尚女性。

即便每个人都可以买吹风机，但从我们的商品功能“三段风力、冷热风、59 元”来看，这四大人群谁会是我们的主要客户群？

你心中应该也会觉得，首选家庭主妇和小资学生，而美容美发和时尚女性应该对我们商品的兴趣比较低。

这是为什么呢？那就要反过来讨论：这些人群，他们要吹风机，到底要的是什么？不过这是下一节的内容，我们先不急着想。

现在这个步骤，就请你先写下你想得到的所有客户群，如果你的公司或小组有不止一个伙伴，也可以让每个人都写写看，也许能帮你想到你没想到的一群人。

同时也可以内部沟通，让每个伙伴的头脑中对于主体受众的概念是一致的，以免营销企划以为要卖给熟女，客服人员以为要卖给少男，执行合作就会没有交集，最后成为“四不像”。

三、需求：他们要这商品，要的是什么？

如上一节所说，我曾问过一位专营蜂蜜的小农：“谁需要买蜂蜜？”他回答：“想喝蜂蜜的人。”同时他看我的眼神，好像我是一个笨蛋一样，问了一句废话。

但我无视被鄙视的眼光，接着问：“那他买蜂蜜要做什么？”小农回答：“泡水喝比较甜啊！”好极了，我再问下去：“如果只是要泡甜甜的水，那我为什么不买糖，而要买比较贵的蜂蜜？”

他不假思索地回答：“因为蜂蜜比较天然比较好啊。”说完之后他自己愣了一下。我又问了一次：“所以买蜂蜜的人，他真正在意的是什么？”

他豁然开朗地点点头说：“健康、天然、养身。”抓住这个需求点，我们就可以由这点出发开展我们的营销方向。

从这一个实例就能看出，我们身为卖家或从业人员，常常陷入的盲点是，我们只想着我们有什么，要给什么，而常忽略了顾客真正要的是什么，在意的是什么。

有句营销名言：**“顾客要买电钻的时候，他们在意的不是电钻，而是他们想要在墙上钻的那个洞。”**

所以到这个步骤，请在你想到的每一个客户群后面写下，他们买这个商品最在意的是什么，真正想要的是什么。

继续之前吹风机的例子，在四大人群中：

1. 家庭主妇买吹风机在意的是平价、耐用。
2. 小资学生在意的是平价、多用途。
3. 美容美发店在意的是风力强、耐用。
4. 时尚女性在意的也许是抗毛糙、修护发质。

当你可以写出每个客户群买商品在意的需求点时，你再回头看看我们在第一个步骤写下的具体功能：三段风力、冷热风、59元，两项对比之下，我们就可以进行第四个步骤了。

四、方式：我们决定满足谁？如何满足？

一直以来，我都举这个吹风机的例子，因为它是我们生活中非常好理解的商品，所以当我问，四大人群中谁会是我们的主要客户群时，我们都觉得首选家庭主妇和小资学生。

接着我们来头脑风暴一下，给你一个任务，请把吹风机卖给山里的寺庙，里面都是没有头发的和尚，你会怎么说服寺庙的采购人员？想一想吧。

你会说它可以抗毛糙、修护发质吗？

你会说它在冬天可以吹吹头皮比较暖吗？

如果你不想被庙方轰出去，当然不会说出这么不得体的话。

可以说服的方式还有很多，你可以说，山上湿气重又常下雨，有个又热、风力又强的吹风机，可以帮你们吹干还微湿的衣服、袜子，让你们能舒服地穿着干暖的衣袜。

你也可说，山路雾气重，常下雨，这时备几台耐用的公用吹风机，给参拜的香客自由使用，是一件很贴心的事，可以提升庙方的形象。

你脑中可能还有更好的想法，但不管你怎么说，你都不会朝头发这条路切入，因为你知道他们没有这方面的需求，所以你懂得弹性调整，为他们定制化地修改说辞。

事实上，针对每一个客户群，你都该弹性化调整说辞，因为他们真正要的都有些微的不一样，你不可能一套说辞通吃所有人，就像你无法把主打护发的商品卖给和尚一样。

既然无法通吃，万一你又做不到为很多客户群都制作专属的文案内容（像有些商品只有一款外包装设计），这时候你势必要懂得“取舍”客户群。

但要怎么取舍呢？这时要回到商品功能来看，“三段风力、冷热风、59 元”，你用这种平价规格想卖给时尚女性，觉得她们会买单吗？

她们要的根本不是便宜，她们宁可买贵好几倍但要有更多附加功能的吹风机。

同样这种平价规格，你觉得职业美发师会买单吗？

他们要的也不是便宜，这是他们的生财器具，他们宁可买更贵的，也要它能顺手耐用。

既然从客观功能来看，你知道家庭主妇、小资学生会是主客户群，那营销方式就该全力朝着他们包装，强调他们在意的重点，放弃本来就不太符合他们需求的时尚女性和美发师，这才是效益最高的做法。

所以最后一个步骤：商品决定满足谁，用什么方式来满足，你要综合前面的内容，从商品功能角度看各个客户群的真正需求，先选择最相符的客户群，再用他们在意的点来描绘你的商品特性。

以商品功能 + 受众需求取舍客户群，聚焦痛点，就是营销。

以上这些都是从商品本质出发，去寻找合适的客户群，再根据客户群的需求，修改我们的说服方式。这才是真正的营销。

不管你有没有需求就硬把商品塞给你，说好适合你，叫你快掏钱。这讲好听叫“推销”，讲难听就叫“诈骗”，只会招人讨厌，就算真的骗到了一次生意，也不会再有第二次了。

我一直认为，**做营销就像是打一盏灯，照亮商品最好看的那一面，反射给适合的顾客，让他们看见商品的好，仅此而已。**

由商品厘清了受众，我们才知道怎么写故事、写什么内容可以让他们买单。商用故事说穿了就是一种文案，下一篇我们来聊聊文案的关键知识。

03 文案力：提醒受众，他需要你的商品

文案就是对受众有影响力的文字。写文案，务必时时把受众放在心中。

你会怎么定义文案呢？而什么又是文案呢？

正式的解释："文案是为了宣传事物或主张所使用的文稿。"

简单来说，所有的宣传稿都可以泛称为文案。但我其实更喜欢这样定义——

文案就是对受众有影响力的文字。

首先这句话我放入了一个"受众"，也就表明**文案不会对每个人都有效，它是有主力受众的。**另一层意思则是，**写文案，务必时时把受众放在心中。**

第二个关键词是"影响力"，文案不一定只为了宣传、促销，如果某个理念能通过文字植入读者心中，在很多年之后，慢慢地、默默地对读者产生影响，这也是文案。

写文案的目的，是为了影响人。

故事就是文案

我再请你思考一个问题，“说故事”跟“写文案”有什么不同呢？

有人会说，文案只是宣传，故事还有剧情。如果只是讲到这个层面，似乎有点太浅了些。要比较差别，你可以先列出“说故事”是为了什么，“写文案”又是为了什么。

最简单来说：

1. 说故事是为了要打动人，被记忆与传播。

2. 写文案是为了要彰显商品优点（或达到目的），沟通与说服受众。

然后我们交叉比对一下两者的功能：

好的故事，能不能做到文案的功能，沟通与说服受众呢？应该也能吧！

好的文案，能不能做到故事的功能，打动人，被记忆与传播？好像也能吧！

这样说来，故事与文案的界线好像有些模糊。不如我们回到刚刚我对文案的定义——

文案就是对受众有影响力的文字。

回忆一下你看过的故事、电影、动漫、小说，有没有哪一个故事教会了你要怀抱希望？有没有哪一个故事教会了你要面对自己的缺点？有没有哪一个故事教会了你生命的可贵？

不管你的体悟是什么，在我们的生命中，应该都有被一个好故事打动、得到启发的经验。故事其实就等于文案。只是我们通过人物剧情传递某个信念与价值观，并由此影响读者。

只是，因为篇幅、受众、呈现载体的关系，“商用故事”内容编排的目的性会更明确，以确保能达到商务目标。在第二节“营销力”的后半段，我们都在谈厘清受众，还有受众真正要什么，并根据受众要的调整说辞。

知道了谁是“对的人”，接下来我们还必须让“对的人，在对的时间，碰上对的商品”。

因此，写文案时，先不论文字的运用技巧，有一个关键词一定要记住，那就是“情境”。

文案最重情境

我曾经看过一个产品文案，叫“懒人自动穿袜器”。

它其实就像半个被剖开的中空短圆筒，你先把袜子口撑开，套进半圆筒边缘，接着将它放在地上，因为半圆筒已经撑开了袜子，袜子顶端就会有一个半月形的开口，这时就可以把脚伸入袜子里。

老实说，我看完这个穿袜神器的第一秒反应：“谁发明了这个废物！”如果我有时间把袜子套进半圆筒，我干吗不直接套在脚上？这岂不是多此一举！

但我慢了一拍才思考，谁会需要这个东西呢？

正在阅读的你猜到了这个商品要卖给谁吗？

答案就是卖给不方便缩脚或抬脚的朋友，他们的脚没办法移到手能穿袜子的距离内，所以要靠这穿袜神器固定袜子，再伸脚套进去。

因为我不是这个商品的受众，没有这方面的困扰，所以第一时间没有想到。但是回过头我就想，这文案也写得太烂了吧！

这个商品绝对有人需要，有这个困扰的朋友极有可能会买，但是文案上竟然连他们应该主打的受众（复健者、受伤者）都没有提到，反而主打懒人，真正的懒人才不会用这东西呢！像这样的文案，就是没有找对受众，连带把情境也搞错。情境一错，受众对商品就毫无感觉了。

反过来说，写文案不是创作文学，不需要太华美的辞藻与修辞，只要文案描绘的情境打动了受众的心，让需要的人，在需要的时间点，看见商品的好，他们对商品的兴趣就先打了80分。

至于怎么找文案情境，我通常有两个思考点。

一、使用前，不什么

同样从商品角度思考，会使用这个商品的人，是因为他感受到了“不什么”。

我们以买眼镜来举例，想要买眼镜或换新眼镜的人，他们在生活中感受到了哪些“不什么”？

最简单的一个肯定是“不清楚”，裸视或现有眼镜度数已经看不清楚了，所以必须通过买眼镜、换眼镜来解决这个“不”的感受。

经过简单的举例，想一想，对于买眼镜和换眼镜你还可以想出哪些“不”呢？最少逼自己也想出三个吧！

参考答案有：

1. 生活不方便：一副只能看远，一副只能看近，生活中来回切换眼镜很麻烦。

2. 眼睛不舒服：镜片质量不佳或度数不准，造成眼睛疲劳。

3. 鼻梁不舒服：眼镜太重，鼻梁有压迫感。

4. 镜片不耐用：材质容易刮伤、磨损。

5. 样子不好看：镜框造型老土，丑丑呆呆。

这些“不什么”，就是顾客希望解决的问题和对商品的要求，它可以发展成我们对商品的情境塑造。

1. 想要免换眼镜，看远看近一副搞定吗？渐进多焦镜片，划手机、看户外从此不必换眼镜……

2. 想要减轻眼睛负担，让双眼清爽吗？进口蔡司镜片 + 顶级滤蓝光，体会有如裸视的清晰感……

3. 想要减轻重量，宛如没戴眼镜吗？全新镜框材质 + 超薄镜片，一副重量不到 25 克……

4. 想要镜片耐刮耐磨，一副能用好几年吗？全新镜片材质，抗刮磨、抗高温、抗侵蚀……

5. 想要时尚美观，让眼镜变身潮流配件吗？本系列镜架多款式、多色彩、自由配……

商品是为了解决问题而存在的，我们在文案中明确点出受众的问题，他们才会联想起过往体会过的“不什么”，感受到他们需要此商品来解决他们的问题。

当内心渴望解决的动力大过他们将付出的代价（金钱、时间、心力）时，他们就会付诸行动，我们的目的也就达到了。

因此，你也可以练习，会买你的商品的人，他们是感受到了哪些“不什么”。你也许会想出很多个“不什么”，但记得在“营销力”小节中提过的，必须以“商品功能＋受众需求”为基础，取舍客户群，聚焦痛点。最后还是要用受众最难以忍受的“不什么”当作主打情境。

怕你暂时想不到有哪些“不什么”的感受，我提供一些简单词组供你做参考。

不安全、不满意、不够快、不持久、不方便、不好用、不自由、不够多、不景气、不相信、不清楚、不舒服、不公平、不开心、不好看、不好吃、不轻巧、不健康、不齐全、不受欢迎、不会用、不赚钱、不及格、不幸福、不顺畅、不干净、不宽敞、不整齐、不好闻、不好听、不好睡、不好走、不好戴、不受控、不强韧、不便宜、不自然、不稳定、不有趣……

我们除了强调使用前“不好的情境”，当然也可以强调使用后“好的情境”。

二、使用后，什么感

前文中我们曾提到一个关键：价值与实用、价格没有绝对关系，也提到人类非常容易因为心理作用而影响对价值的判断。

因此有人戏称营销的最高境界就是在“卖梦”。卖一个美好的愿景给顾客，让他相信：**消费之后可以改善他的生活，改变他的人生。**

在构思文案情境时，另一大思考点就是，**使用此商品引发的正向感受。**

很多文案新手总把沟通的重点放在商品的功能上，就像我之前说的，我们要去想顾客“真正要的”是什么。

买蜂蜜的顾客，他们不是只想喝到甜甜的蜂蜜水，他们想要的是健康的人生。在我们卖给他们蜂蜜的同时，我们同时要强化他们脑中对愿景的想象，想象那个美好、健康、畅快、轻松的未来。

在文案中，我们要将愿景明说（或暗示）给受众听，让他脑中产生对美好未来的想象。因此，我们要思考，商品被使用后，可以为受众带来什么“好的感受”。

- 不锈钢锅的客观功能：能让煎炒不粘黏。
- 不锈钢锅的愿景感受：你也能轻松做出佳肴，变身厨艺高手，让全家人赞不绝口。
- 扫地机的客观功能：能自动吸附灰尘。

- 扫地机的愿景感受：让扫地不再麻烦，你上网它扫地，打扫变成愉快的休闲时光。
- 减肥腰带的客观功能：能让血液循环、脂肪燃烧。
- 减肥腰带的愿景感受：让你轻松变美变苗条，从此自信耀眼，享受朋友的羡慕眼光。

当我们将美好想象的愿景说出来时，受众不知不觉就在头脑中上演了小剧场。

我买了一个新锅子，我可以煎出滑顺漂亮的半熟荷包蛋，我可以煎出香喷喷、外表完美、入口酥脆的鱼。家人看到我把荷包蛋和煎鱼端上桌，他们会惊讶地大喊："真的假的，这是你煎的？"我会骄傲地点点头，享受他们对我的崇拜之情。

你有没有看过电视购物？电视购物其实就是将情境演给你看而已。

他们会先示范煎炒各种食材的情境，前一个锅子煎出来的东西又焦又破，锅子粘满食材，怎么刷也刷不掉，一个锅子就这样毁了，让你感受到"不什么"。接着大厨师会拿出要推销的锅，将食材一个个完美地煎出来，旁边的主持人还会不停地惊叹佩服。

当你看到锅子里那个像溜冰一样滑顺的煎鱼、煎蛋或煎豆腐自由滑动翻滚时，你会忍不住将自己带入厨师的身份，催眠自己：好简单、好轻松，我也做得到！我也可以改变！旁边的主持人的惊叹声就是晚上家人对我的赞叹！

朋友别傻了，换了锅子你的厨艺还是一样的，你只是掉入愿景或正向情绪的陷阱罢了。

经过说明后，我们可以练习揣摩，**买了你的商品的人，他们将会有什么样的“正向感受”呢？**你可以用受众最向往的感受当作主打情境。

怕你暂时想不到有哪些正向感受，我提供一些简单词组激发你的想象。

优越感、自我价值感、独特感、成就感、自信感、安全感、轻松感、幸福感、开朗感、畅快感、自由感、努力感、成长感、勇气感、疗愈感、炫耀感、独享感、愉悦感、兴奋感、利他感、公益感、得到美好回忆感、崭新体验感……

由此正向感受，再结合商品的功能与使用，化成一个生活中的情境呈现。比如，变成家人称赞的大厨，打扫时间只需要划手机，窈窕大变身出席同学会。

让受众看到情境后，体会到正向感受，进而带入自我，想象愿景。这样就是成功的情境塑造。

最后帮大家总结一下本节的重点：

文案就是对受众有影响力的文字。写文案，务必时时把受众放在心中。写故事其实就是写文案。

除了厘清受众与他们真正要什么，还必须提示“情境”，让他们知道“在什么时候有这个商品真棒！”想起对商品的需求，想象使用后的美好。

可以是受众在生活上没有这个商品会感受到“不什么”，也可以是使用后将得到“什么感”，由此切入想象，化成生活中常见、有共鸣的情境。

将受众原本的“坏情境”因为商品演变成“好情境”，这样的成长改变过程，其实就是商用故事的主线。接着我们就换“故事力”上场。

04 故事力：用人物情感历程感召读者

好情感来自好素材，好素材来自挖掘细节。

近年来，故事营销成了一门显学，本来它属于“内容营销”的一个分支，但因为“说故事”对人的影响太强大了，有时强大到不可理喻，因此故事营销也常在营销中被独立出来讨论。

可能你现在正满怀期待要开始学“说故事”，用说故事来实现营销手段。但你有没有想过，为什么说故事对人类是有效的呢？

请你尝试回答这个问题：“为什么我们需要说故事？”

这是我在故事营销的课堂上，最常在开场询问学员的问题，想一想，你的答案是什么呢？

我综合一下大家会说的答案，大约是，“比较容易听进去”“比较容易打动人”“比较有感情”“比较有趣”。

这些也是一般大众对于故事营销的印象与期许。

但如果再往下问：“为什么说故事可以达到上面你说的这些效果呢？”

此时多数学员都会卡住了，只能空泛地回答“因为有人物啊”“因为有感情啊”“因为有故事啊”。

故事的魔力从何而来，如果不搞清楚，这个武器用起来就会有些心虚。

当然我们可以举出很多经典的故事营销案例，用经验法则来证明说故事超有效。可是，有没有科学上的证据，可以解释故事为何对人类有巨大的影响力呢？

我是一个超实战派的人，不太喜欢讲空泛论证，但我还是想试着简短浅白地向你解释故事影响力在科学上的原理，让你在运用故事营销时，更明白自己为何选择这个方式，是为了达到什么效果。要用，就要用得明明白白！

已经有太多研究尝试解释故事对人类产生的巨大影响，甚至是不理性的影响。

《大小说家如何唬了你》是一本从脑科学角度来探讨故事吸引人的原因的书，它引述了哈佛大学认知科学教授史蒂芬·平克的话。他说，故事让我们有办法在脑海中预设未来有可能遇上甚至可能攸关生死的难题，所以我们会用沙盘推演出各种解决策略产生的后果。

简单来说，**我们需要故事，是因为故事会让我们有“预判能力”。**

人类对故事的渴求从远古石器时代就开始了，远古人类可能夜晚围着篝火，听着最英勇的猎人连比带画地说着他如何击败猛兽，让听众仿佛身临其境。

而当这些听众有一天上场狩猎时，森林中飘来的气味、细碎的摩擦声都会让他们辨认出哪些是他们在故事中经历过的场景，因此他们更有警觉预判的时间，更知道该如何应对。成功归来的他们又会带回新的故事。长久演化之下，让人类有了从故事中学习的习惯，也养成了爱听故事的本能。

既然故事是能帮助人类学习的，那么这也表示故事跟信息有不同之处。

怎么区分什么是故事，什么不是故事呢？我看过一个很棒的例子，现在改写后分享给你。

有个男人独自在狂风暴雨中爬山，因天气恶劣而陷入险境，最后被登山队的直升机救回。

这是故事吗？ 不，这只是个信息。但如果你知道——

他上山是为了他10年前发生山难的女友，他上山的当天是她遇难的周年纪念日。10年来，他每年的这一天都要上山献上一束女友最爱的百合花。

现在你心里有感觉了吗？这就是故事了，因为它有意义了。**故事是有意义的，让我们从中悟出了某种道理。**

让道理能无痛进入人心的，则是故事中的情感。情感包裹了道理，让我们可以顺畅地吞下。

如果说“故事”是“营销”的手段，那在故事中，“情感”就是“说服”的手段。

明白了这一点，就知道为什么一堆人都搞错了故事营销的方向，连带让故事营销成为鸡肋的代名词。

为凤梨酥编故事，为太阳饼编故事，为高山茶编故事。故事营销绝不只是“编故事”。而是要去思考，怎么在故事中打造主角的情感历程。

针对这一点，无论是做营销、写小说还是编电影都是相同的道理。小到在网上读一篇短文、看一张照片，大到整个企业的商业模式、消费流程，都是你打造情感历程的场所。

情感历程的三个要点：人物、主题和选材

一、人物

主角是带领读者进入故事的航天飞机。

读者会将所有情感投注在主角身上，所以我们必须确保一件事：“读者并不讨厌主角。”你可以回忆一下你看过的小说、戏剧、动漫，应该很少有你很讨厌主角但还是坚持把故事看完的经历吧（被关在电影院不能走不算）。

中长篇的故事，只要读者觉得这个主角不讨喜，很容易就会放弃不看了。因为他的情感无处投射，所以也无法融入故事情境。

如果可以，**最好能让读者一开始就能认同或支持主角。**

只要开场先做到这一点，故事就立刻成功了一半。

至于怎么做，你放心，在下文“发展故事情节”的“困境”中会告诉你。在这里我们只需要先记住一句话——

所有的故事技术，都是为了圆满人物的情感历程。

后续我们还会讲到许多故事技术，像结构、细节、象征、删减等，它们的作用都是为了让读者能够感受人物的情感变化，让读者为人物的这个情感历程感到满足。仅此而已。

二、主题

前面说过，好故事应该有意义。通过故事主角的历程，最后让读者得到某种启发或感悟。

在创作时我们也可以采取“主题为先”的构思法，先想好自己想要传达什么，想获得什么效果。有了明确意图再来构思故事，写作会更有方向。

至于如何获得故事的主题，它跟故事结局直接相关。我们会从故事中的因果得到启示，而结局通常会是故事中的最后一个因果。

举例来说，小明热心帮助路边不认识的老人，最后意外得到老人给的报酬。我们便得到了“好心有好报”的启示。

但如果小明热心帮助路边不认识的老人，最后得知小明这是中了诈骗集团的圈套，他被骗钱了。我们便得到了“当好人也要放聪明”的启示。

家人或朋友可能都向你分享过一些社会新闻，然后告诉你要小心诈骗、小心车祸、小心偷拍，等等。这就是我们通过新闻当事人的结局，得到某种启发或感悟的实例。

反过来说，就算我们写故事时没有先默认主题，只是想写出过去某段有趣的经历，但只要故事最后有因果，有结局，读者通常还是能从中得到感悟的。

无论你有没有刻意设计，结局的定论几乎等于主题。

结合刚刚说的“主题为先”构思法，当我们决定了这篇故事的写作目的是什么时，其实也大抵决定了故事最后的结尾。

当我们有了结尾，故事有了方向或目的地，从开场到结尾，就可以拉出一条大致的故事预定轨道，中间再慢慢铺放有趣的事迹素材即可。

构思商用故事的步骤后续会再提到，这边只需先有一个观念：**好故事应该有个主题（启发、感悟），故事结局就是主题的呈现。**

三、选材

刚提到我们确定了主题感悟、大致结局后，再来决定有哪些有意思的素材可以放进故事中，完成主角的情感历程。这是属于比较讲究逻辑的创作法。

但有些人想写故事的初心很单纯，就只是想说自己当初为什么想创业，中间有多少挫折，最终获得今天的成果。也就是先有了一份素材。

先有素材再来构思故事也无妨，因为当你有了结局，主题还是会浮现，这时我们要做的就是，想好自己要传达什么，要获得什么效果。

如果部分素材或细节无助于我们想获得的效果，甚至有反效果，那就应该修改删除。

娱乐故事的选材无穷无尽，商用故事就有大致范围了，我们常用的有七项。

1. 说出自己对商品的讲究与坚持。

2. 说出商品（品牌、公司）的理念。

3. 分享商品开发的过程（如技术的研发或设计过程）。

4. 说明商品或品牌命名的由来（典故、含义、精神）。

5. 介绍公司的经营历史、传统或精神。

6. 分享负责人或公司伙伴的背景经历（人品、良好事迹、工作努力事迹）。

7. 分享用户使用商品的好处，以及使用前后的改变。

大家可以将这 7 项常用的素材浓缩成一篇故事，但如果是打算长期发布的故事（每周一篇或每月一篇），也可以每项都写数篇。

不少连锁服务业公司都会有内部刊物或分享会，定期让员工分享他们最近的“感动服务案例”给其他同事，这就是“公司伙伴工作努力事迹”，光这一项只要愿意挖掘，就有数不完的故事了。

故事感动程度的关键在选材。所以故事素材的搜集非常重要，当你留意到有可能发展成故事的信息，记得再往下了解，挖掘更多细节。

我采访过视障钢琴家许哲诚。他很小就展现了音乐天赋，屡次拿到国内外奖项，还被媒体誉为“贝多芬再世”，这是一个多么光荣的封号！

但在 16 岁那年，他背负着天才之名，在各界公益团体的资助下，前往奥地利学习钢琴，却一直无法适应当地的教学方式。

当时他参加了每5年一次的华沙肖邦钢琴大赛，他把这个比赛当作对自己的考验，如果成绩不理想就放弃学习归国。最后他真的没有得到好成绩，只好黯然回国。

当我采访他时，他只是轻描淡写地说出这段往事。但像这类的人生重大转折，一定有更多内容可以挖掘。

我请他更详细地描述一些当时公布比赛结果时的细节。

他说，当时参赛者有300多位，预赛只取80位，还有专程从台湾地区飞来的参赛者。他没有说一定要得名次，但他希望自己至少可以进入决赛。

当时他跟台湾地区的参赛者坐在一起听着初赛结果公布，一个号码一个号码地宣布，他从第1位听到第80位，一次次期待又失望，最后，真的没有念到他的号码。

在会场时，他还可以强打起精神，安慰同样来自台湾地区的落选者，但一回到饭店，独自一人时，他立刻趴到床上大声痛哭。那时候的他心里只有一个念头："我辜负了大家的期望，原来我根本就不是什么天才……"

经过这样的细节挖掘，故事中的人物情绪是不是更凸显了？后来文稿中就为这个段落写了一个小标题——**80次的期待落空。**

在下文的"故事优化的六字魔法口诀"中，会专门用一节来教大家打造情感历程的技术，这边你只要先知道——

好情感来自好素材，好素材来自挖掘细节。

当你觉得这段素材可能牵涉人物处境的改变转折时，记得多问一些当时的细节与心态，这样本来平淡的内容也能瞬间发光。

对一个商用故事来说，我们掌握以上的关键故事知识就够用了。

最后再帮大家复习一下本节的重点：

1. 故事由主角领航，读者情感会投射在主角身上，别让主角讨人厌。

2. 故事会带给读者启发和感悟，设定了主题也等于决定了结局。

3. 故事靠素材堆砌情感，好素材来自留心记录、挖掘细节。

4. 故事就是人物的情感历程，所有技术都是为了让读者从中感到满足。

看完营销、文案、故事这三个领域的浓缩关键知识，虽然目前看来关联性还不强，但接下来的两章都会围绕这三篇所讲的概念，继续说明怎么编写一份商用故事（或者说故事型文案）来达到我们的营销目的。

接下来，我想跟你聊聊，何时才是故事营销最能派上用场的时候。

05 故事营销的最大用途

你的故事就是让你与众不同的康庄大道。

了解了营销、文案、故事三力的浓缩精华，本节我想让大家知道，故事营销在什么地方最能派上用场。

你应该还记得“雪帝士”与“麦当劳假美食”的案例。它们让我们知道人的观感有多容易被影响，只要为事物附加了心理价值，就可以创造更多好的感受。

但为什么我们要提升心理价值，而不是努力提升实体价值呢？比如提升更好的功能、更棒的规格、更低的价格等具体条件。

我们就讲卫生纸好了，有的卫生纸可能比较柔，有的比较韧，有的吸水力强，有的比较便宜。但大多数卫生纸品牌摆在一起，你会发现，你始终搞不太清楚到底谁柔、谁韧、谁吸水。虽然每个品牌的标语换来换去，但功能还不是就那些？

你顶多比比价格，算算哪个品牌的抽数比较多，就拿一袋回家了。说真的，就算比价格，绝大部分的卫生纸品牌，平均一抽的价格差距都不大，我们只是被几包几抽换算搞得头昏眼花罢了。

这就是真实世界的情况，对于实体价值，成熟的商品发展到后期，其实 A 品牌能拥有的特色，B 品牌也差不多都有了。这时候哪个品牌可以不断发展，甚至成为奢侈精品，很多时候取决于它们附加的心理价值。

所以可以这样说，**当实体价值越胶着，就越取决于心理价值。**

甚至当商品的实体价值越复杂，人们就越需要心理价值来帮助决策。

我们再举一个例子，以房屋买卖来说好了，你有没有听过“看面缘”或“看眼缘”的说法？这是一位资深房产业务员跟我分享的经验之谈。

他成交过很多房子，有时候一套房子可能有好几组客人都想抢，竞争之下价格开得都很接近。但屋主却不一定会选择卖给出价最高的客人，最后往往都是卖给他眼中跟他最有缘的客人（当然价格也不会差太多）。

有个真实发生的故事是，买方向屋主开了一个尾数全是 8 的房价，比如 18888888，买方再配合这组“发发发”的数字跟屋主说几句吉祥话，最后屋主真的将房屋卖给了他，而没卖给比他略高一些的出价者。屋主的说法正是买方人看起来舒服，聊起来投机，觉得有缘。

虽然有时实体价值些微落败，但加上心理价值却有可能反超。

人类的大脑能处理衡量的信息其实有限，当事件本身有太多复杂的变因，让我们很难比较的时候，人类会渴求能有一个简单的依据帮自己做判断，这个依据往往就是心理价值。讲得通俗一点，就是看决策者当下的心情啦！

以上的现象用一个生活实例来看也很好理解，那就是“选举”。

当一个候选人身上有太多复杂的变因，比如他的经历、他的政党、他的政见、他的价值主张、他的家人、他的一言一行、他的谣言逸事、他的口碑评价，上述每一项再细细探究时又有极为庞大而复杂的信息，一般民众根本无法判断。这时就回到了心理价值，也就是我心中对你是什么印象，有没有好感。

我这样说绝对不是小看了人类的判断力，正因为它是人类正常的运作方式，所以故事营销才有大展拳脚的空间。

我再讲个有意思的故事。

诺德斯特龙百货是美国高档的百货公司，专门主攻金字塔顶端的客户，他们的员工手册当然也有不少条守则，但最核心的概念就是，所有员工都必须以满足客户为第一优先。

这个“以满足客户为第一优先”的概念要怎么切实让所有员工真正认识到呢？

诺德斯特龙百货想出了一个方法，他们在员工手册之后，还附带了一个诺德斯特龙故事集。第一个故事是这样写的：

有个客人拿着用过的车子轮胎防滑链来诺德斯特龙百货退货，虽然防滑链被用过了，但员工还是将客人当时买的金额原数退还给了他。

说到这，你一定觉得没什么稀奇吧，现在好多卖场都主打无条件退货啊！但故事还没说完。

虽然员工将防滑链的钱退给了客人，但有意思的是，诺德斯特龙百货里头，其实从来没有卖过轮胎防滑链。他们竟然愿意为一个从没卖过的商品退款。

通过“没卖过都可以退”这个故事，诺德斯特龙百货将“以满足客户为第一优先”的概念深刻地植入每个员工的头脑中，让他们知道这句话不只是一个崇高的口号，而是在任何条件下都要积极奉行的圭臬。

你想想，教条式倡导与故事型概念，哪一个会让人们觉得比较有感好记呢？

商品的具体规格、功能等信息实在太多太冰冷，难怪人类总是容易遗忘，但一个好的故事则容易让人记住其中包含的心理价值。

这也是为什么除了信息的沟通，我们还需要故事的嫁接。

说完了诺德斯特龙百货的故事，我也想请你思考一下，你觉得这是一个真实发生的事，还是又一招对品牌的故事营销呢？

回到结论，如果您的商品是明显的优势品，功能性狠甩第二名几条街，又或者你的价格明显破坏行情，超级便宜，别人都无法对抗，你也许根本不用写故事，只需要讲出强势信息就可以造成轰动，大众媒体还会免费帮你宣传。

就像麦当劳套餐买一送一的活动，只需要公告，网友、电视新闻、网络论坛就会自主分享，造成门市挤爆、大排长龙。

但在真实世界里，商品优势一面倒的情况真的少之又少，麦当劳也不可能天天买一送一。

绝大多数的时候，营销人员还是必须在极小的具体差距下，进行短兵相接的肉搏战。这时就最能体现故事营销（甚至接力为品牌经营）的特点：**当实体价值越胶着，就越取决于心理价值。**

如果你也正陷入营销战的泥沼，觉得文案上能写的都写了，广告内文也已经测试到瓶颈了，斗图、拍片、跟风全玩过了，脸书（Facebook）、IG（Instagram）、Line[①] 都经营了，追踪码、再营销、KOL[②] 全用上了！

简单来说，就是别人做过的你都做了（反过来说，也就是你做的都是别人在做的）。这时候故事营销就能让你的商品或品牌有了独特故事，提升了品牌鉴别度，从而走自己专属的路。它可能就是让你获得解套的方式。

故事营销不是万灵丹，但我相信它是营销战的新科目。

原有的科目你已经考到了85分，故事营销哪怕只考了65分，你的总分就是150分，远远胜过只考一科的其他竞争者。这也是你值得尝试故事营销的原因。

---

① Line是韩国互联网集团NHN的日本子公司NHN Japan推出的一款即时通信软件。

② 关键意见领袖(Key Opinion Leader，简称KOL)是营销学上的概念，通常被定义为拥有更多、更准确的产品信息，且为相关群体所接受或信任，并对该群体的购买行为有较大影响力的人。

经营品牌最重视的永远都是“差异化”或“独特性”，而你的故事就是让你与众不同的康庄大道。

接下来，我们就正式进入商用故事撰写流程。

PART 2

故事构想与流程

商业等级的故事要的不仅仅是感动，而是要引发行动。一个有感动却没有引发行动的故事，在商场上就是失败的操作。编完故事之后，我们最后便是要“画龙点睛”，让故事一飞冲天。

这一部分的目的很明确，就是让你学会一套精练、实用、百搭、好操作的商用故事制作流程。

06 商用故事流程

商业等级的故事要的不仅仅是感动，而是要引发行动。

很多人在谈到故事营销时，总觉得肯定非常麻烦，要花大量时间、大量预算，却不一定有等比的效果。

故事营销可大可小，大到拍一部高质感微电影，小到写 100 字的社群帖文或一句文案标题，都是故事营销可以发挥的所在。

很多人都不知道，**故事营销不只是说故事，甚至不一定需要说故事。**

故事营销这个词，我们先拆解一下，必须明白“营销”才是主词，“故事”只是形容词，**故事元素是我们达成营销目的的手段。**

所以做故事营销前，要先回到营销的本质。还记得我们在“营销力”中提到的四个基本，即功能、受众、需求和方式吗？

从商品功能出发，思考该推荐给谁，他们面临什么困扰，我们怎么表达呈现。厘清了上述重点，我们再用故事去包装这一切。

我在本节会先与大家完整分享怎么讲好一个商用故事，一个精练却完整的流程，之后再告诉大家怎么活用变化，甚至完成不讲故事的故事营销。

完整的商用故事流程，我们会经历三个制作阶段。

一、发想情境

我们要编故事时，第一步常常被困在点子上。的确，对一般娱乐性故事（小说或影视）来说，有趣的点子真的太重要了，几乎会支撑半个故事的续航。

但在商用故事中，我们只需要从商品功能出发，就能轻松搞定点子，找出故事发生在谁身上，怎么发生的，发生在哪儿。

二、发展情节

有了一个点子，只是一个起点，故事还需要铺陈、编排。要从一个点拉长到一条线，你需要的是结构。而好用的结构会让这条故事线“上穷碧落下黄泉”。

商用故事里最好用的结构，会在设定好“情境”后，往前后方自然蔓延，你完全不用想到头痛。

三、发动情感

故事只要说完就没事了吗？如果一个故事说完了，却无法引发接收者的任何情绪或感受，这根本就不能算是故事，只能说是一个事件。

商用故事更是如此，**商业等级的故事要的不仅仅是感动，而是要引发行动。**一个有感动却没有引发行动的故事，在商场上就是失败的操作。编完故事之后，我们最后便是要画龙点睛，让故事一飞冲天。

这一部分的目的很明确，就是让你学会一套精练、实用、百搭、好操作的商用故事制作流程。

来，立刻继续下文吧！

07 构想故事情境口诀："功、解、情"

无论是写文案还是广告企划，效果永远比创意重要，宁可重复却有效，也不要新颖却失焦。

商用故事的起点，还是必须从商品出发。本环节的口诀是"功、解、情"。

我们要打造一个能让商品功能发挥的情境，最简单又好用的方式，就是思考本商品能解决什么问题，并假设当问题发生时，如果没有本商品，情况会变得多麻烦，有什么不好的后果。

想凸显商品的好，就先打造一个坏的情境、相反的情境，这就是本环节的任务。

步骤一：功能

你应该没有忘记，"营销力"中的商品四问的第一问就是功能。在构想故事的时候，请把功能原封不动地搬来使用，先列出商品的主打功能。

既然是主打功能，肯定不会太多吧！如果某件商品拥有超多卖点该怎么办呢？比如智能型手机，年度旗舰机型可能各方面都超强，可以把夜晚拍出白天般的画质，可以拥有超持久的电池续航能力，可以人脸智能解锁屏幕。

这时最好的策略就是把每项主打功能都拆开呈现，如果只有 1 分钟你却塞了 3 个卖点，那么最后就像什么都没有讲一样。

你看看那些手机旗舰机的广告，除了有明星代言，是不是都会拍摄好几个版本，有夜拍篇，有遥控篇，有美颜篇，等等，因为**一次只与观众沟通一件事，绝对是最安全有效的做法。**

现在让我们练习一下，举出三种不同商品的主打功能。

1. 提神饮料：它的功能是提振精神。

2. 租屋平台：它的功能是撮合房东与想租屋的人。

3. 智能手机：它有太多功能，我们先取一个续航力持久。

你应该也跟我一样，觉得这个步骤太简单了吧，几乎是 1 秒完成啊！

这很正常，因为**一个商品能诞生，肯定就是因为它能做到某些事**，不然怎么会存在呢？再说，如果要营销一个商品，你却连它能干吗都不知道，这也太夸张了吧！

因此不要得意，功能只是送分题，重头戏在后面。

步骤二：解决

绝大多数的商品都有功能性，它们都是为了解决某个问题而存在的。

耳机的存在，解决了在公开场合无法只让自己听到的困扰。

穿袜器的存在，解决了某些人无法把脚缩近身子的困扰。

直播平台的存在，解决了寂寞时无人说话、无人互动的困扰。

Youtuber(视频网站主播)的存在，解决了网友无聊时无法取乐、消磨时间的困扰。

一个商品或服务能长久存在，肯定都是解决了某些困扰。那么，你的商品或服务可以解决什么困扰呢?

想解决这个环节，就要找出商品的功能能解决什么问题。我们延续刚刚的范例来看。

1. 提神饮料：解决疲惫时却仍要做事的困境，它可以暂时提神。

2. 租屋平台：解决没人看房或租不出去的困境，它可以增加曝光。

3. 智能手机：续航力强，解决手机常没电的困境，不用一直找插座或连接移动电源。

商品能解决什么问题，其实与商品的功能是一体两面的问题。答案很容易找到，唯一要注意的就是角度问题。

还记得我们在讲“需求”时说过，要找到受众真正要的是什么，要找出被商品解决的问题也是一样，找对问题才能有效打动受众的心。如同前面说的穿袜器，如果主打它能解决懒人穿袜的问题，那你就完全打歪了。还有蜂蜜的例子，你主打它能解决想吃甜的的问题，也不是受众在乎的。

因此，解决这个环节其实跟需求是双胞胎，你同样要一层一层问下去，**受众真正要的是什么？哪个才是他们在乎的关键问题？**

这就是解决比功能还要难一些的原因。

步骤三：情境

第三个步骤，我们接着商品能解决的问题来想，这个问题会发生在什么场景呢？想场景时重要的是要有直觉，有共鸣。

因为我们要让大多数的群众在看到问题情境时，都能马上感觉，“喔！这我也遇到过”。让受众熟悉、有感、认同，这样才是好设定。

因此，在思考商业故事情境时，与娱乐故事必须罕见、新颖不同，反而要越直觉、越好懂才好，甚至可以说，你头脑中第一个冒出的情境，极可能就是大家最常遭遇的情境。我们延续刚刚的三组商品范例来看。

1. 提神饮料的情境：下班已经很累了，还要做一大堆家事，结果不小心搞砸了。

2. 租屋平台的情境：房东因为房子没有人来看，手边缺钱，正在苦恼。

3. 智能手机的情境：手机没电了，必须连接移动电源，充电线勾来勾去很不方便。

连贯功能、解决、情境想下来，故事就已经有了起点。这也是一般短秒数广告的公式，设定一个可以让商品发挥的坏情境，而商品的出现就是问题的救星。

你可以扫描下方二维码，看一下三组商品如果拍成广告会是什么形式？

提神饮料广告　　租房平台广告　　智能手机广告

相信你要是再用“功、解、情”去检视其他电视广告，一定会惊讶地发现原来多数商品用的广告公式都是一样的！

现在我们再多练习一下，尝试用另外三种不同的商品来演练，分别是防癌险、高价位单车和顶级塑身衣。

我先列出三者的功能，你也可以一起想一想，怎么从功能出发，构思解决与情境。

防癌险功能：癌症保险金理赔 50 万元，特定癌症金额还可乘 1.5。

高价位单车功能：有三种安全功能，即吸震管件、防刺穿轮胎、摔车自动警报。

顶级塑身衣功能：长期穿着能推移脂肪，短期穿着能 1 秒优化体态。

希望你可以跟我一起头脑风暴一下，我们一项一项来看。

防癌险范例

防癌险的功能，是可以在当事人不幸罹癌时提供保险金理赔，减轻当事人家庭的经济负担。

由此我们可以反向思考坏情境，设定有某一个家庭，其中一人罹患癌症，因此全家除了情绪的悲伤，还要面对庞大医疗费的经济压力。整理成表格如下。

功能	癌症保险金理赔 50 万元，特定癌症金额还可乘 1.5
解决	减轻罹患癌症者家庭的经济负担
情境	某家庭为了治疗一位家人的癌症，散尽家财仍无力支付

高价位单车范例

高价位单车有三种先进的安全功能，即吸震管件、防刺穿轮胎、摔车自动警报。这些功能能保障行车安全，预防种种意外。

由此我们可以反向思考坏情境，设定有某位车友遭遇行车意外时，如果没有这些安全功能会发生什么事。整理成表格如下。

功能	三种安全功能：吸震管件、防刺穿轮胎、摔车自动警报
解决	能防止各种意外（剧烈震摔、轮胎爆裂、孤身摔车）危及生命安全
情境	骑士们因车身震荡解体摔车或轮胎爆裂摔车，而且因摔车昏迷无人知晓而延误救援

顶级塑身衣范例

顶级塑身衣能迅速改变体态，让人充满自信。由此我们可以反向思考坏情境，设定有位主妇，长期因为身材苦恼。那么，她身上会有什么因身材带来的坏结果呢？整理成表格如下。

功能	长期穿着能推移脂肪，短期穿着能 1 秒优化体态
解决	长年为身材所苦的女性能瞬间拉提塑身，解决体态及心理的困扰
情境	一位有高消费能力的女性，试尽各种办法仍无法解决身材困扰

经过解读这三个范例，相信大家就可以知道如何构思自己商品的相反情境了。

商业故事不是文学，不需要曲高和寡，而是要有稳定制作流程，人人可上手复制。

无论是写文案还是广告企划，**效果永远比创意重要，宁可重复却有效，也不要新颖却失焦。**

商业故事的情境必须直觉、好懂、有感。利用相反情境让商品解决问题，满足受众的需求，这就是一个好的构思。

说到宁可重复，刚好顺着介绍故事中最容易重复的元素——结构。

08 发展故事情节口诀："常、境、变"

编排一个商业故事，由点拉成线，也只需要谨记一招，即创造出巨大的情绪落差。

我们上一环节介绍的相反情境，是故事中的一个点，我们要由此点再发展成一条线。要拉成一条线，而且是有起伏与转折的故事线，我们必须先补充一点编剧知识。但请放心，我们不是要当编剧，只要学到最重要的核心就可以了。

好久以前，我看一档电视节目正访问周星驰，当时女主持人说了一句话："星爷，你的电影我知道，都是主角一开始很弱很弱，后来很强很强。"

这句话听起来有点像在开玩笑，但却说中了编剧结构中最主要的套路。我们检视一下周星驰的几部电影。

《武状元苏乞儿》：从经脉尽断的小乞丐，变成丐帮帮主，练成绝世武功。

《食神》：从人人喊打的诈骗犯，步步夺回自己的地位，变成厨艺高超的食神。

《唐伯虎点秋香》：从下等仆役，变成高等书僮，最终打败仇敌，抱得美人。

不只是周星驰的电影，好多好多的故事都有这样“前低后高”的套路。

这就是编剧时最重大的任务：创造落差。越巨大越好。

创造处境的落差，创造感受的落差，创造情绪的落差，所有的编剧结构都在教你怎么妥善地做好这件事。

所以，当我们要编排一个商业故事时，由点拉成线，也只需要谨记这一招：创造出巨大的情绪落差。这就是本环节的任务。

本环节的口诀是“常、境、变”。将故事拆成三个部分：开头制造反常，中段彰显困境，结尾带来改变。

起始段落：反常

反常的任务就是要先勾起受众悬念，让他们想对故事一探究竟。

20 世纪重量级小说家卡夫卡的知名作品《变形记》，整篇小说开头的第一句话就是：

> 有天早上格里高尔·萨姆沙（主角）从不安的梦中醒来，发现自己在床上变成了一只大甲虫。

天啊！人变成虫，多么不可思议的开场。任何读者读到这一句都会好奇这个人变虫的原因和变虫之后的生活，因此他们就必须把故事读下去，尝试在书中找到答案。

现在是一个信息爆炸的时代，无论是新闻、节目、广告、影片，还是插画、网络文章、社群帖文，每天都拥有海量的信息，每个人用一生都看不完。

我们的故事能闪过受众眼球的时间可能只有短短几秒，能展现的篇幅可能只有寥寥几句。接着就会有下一篇新内容滑入读者眼中，持续瓜分他们有限且短暂的注意力。

在这种极度竞争的情况下，**谁的内容能在几秒内、只靠几句话就能抓住受众稍纵即逝的注意力，谁才有后续深入沟通的机会。**

说得白话点，制作再好的内容，读者看不进去，或者没有看，其成效也等于零。

以前总说："好的开始是成功的一半。"但在注意力匮乏的时代，我会说：

"好的开始是成功的全部。"

唯有开头勾住了人，后面的成效是好是坏总有个成绩。若是连个被读的机会都没有，等于是连参加考试的资格也没拿到。

既然说明了反常的重要性，那么又该怎么打造一个反常的开头呢？

我不讳言，在整个商业故事的制作流程中，大部分都是理性逻辑的编排，唯有反常是最需要创意与灵光的部分。因此，要教反常等于是要教你怎么变得有创意与有趣。

好在，**商业世界的创意与趣味大多是有迹可循的**，这里我们先搁下，在后面的第 16 节“故事优化的六字魔法口诀：机制”中，我会仔细与你分享 10 种最好用的反常套路。

制作故事的流程，反常就像是服饰与发型，就是**先确定故事的本体后，再为它美化装饰。**对读者来说，反常会摆在故事的开头，但对制作者来说，**反常却是写完之后才构思的。**

先不要被创意困住，我们应该优先将沟通任务好好传达，也就是解决困境与改变的任务。

中间段落：困境

困境的任务就是**运用感同身受的原理，让观看者与主角建立情感联结。**

美国推理小说作家劳伦斯·卜洛克曾说：

“小说，就是主角一连串倒霉经历的组合。”

你可以回忆一下自己看过的小说、动漫画与电影，是不是多数主角皆多灾多难，历经千辛万苦，几乎万劫不复，才能实现自己的目标？

困境环节就是大众故事的必备结构。

假设有一天你看到一个故事，主角是高富帅或白富美，人见人爱，心想事成，一帆风顺，无灾无难，只有朋友与贵人，没有忧伤与敌人，简直是超级人生胜利组。

这种故事你会读得有趣吗？应该只会让我们觉得无聊与虚假吧！

为什么困境会让人类感兴趣呢？

我们在前文“故事力”中提到过，远古人类是通过故事来体会未曾经历的事，增加预判能力，让自己得以存活的。所以我们才有了喜欢听故事的本能，而且越带有危机与风险的故事，越容易抓住我们的注意力。

然而，困境为故事增加吸引力的功效并不仅止于此，人类还有另一种本能，助长了困境对人类的黏着力。

1990 年，意大利神经科学家发现了“镜像神经元”，它让人类拥有“模拟”的能力。

我在网络上看过两部影片，一部是在讲“哈欠”是会传染的。一位男子为了证明这一点，在各式各样的场合故意打哈欠，有趣的是，当他打完哈欠之后，目睹的路人有很高的比例也会忍不住接着打哈欠。

第二部影片则是巴西咖啡店制作的广告。它故意在地铁站的广告墙上不停播放一名男子打哈欠的脸部画面，这让等车的民众也忍不住大打哈欠，这时咖啡业者会趁机送上咖啡让民众免费享用。

这种人类的模仿现象，在“镜像神经元”身上可以得到合理的解释。当我们打哈欠的时候，大脑中相关部位就会开始活动。但有趣的是，就算我们不打哈欠，只是看着别人打哈欠，该部位也会开始活动，于是目击者也被影响打了哈欠。

用句成语来解释，这就叫作感同身受。这是不是也可以解释为什么孟子会说“人皆有恻隐之心”？

我们看到了别人受苦受难，即便只是目击，我们的大脑也会自动模拟相似的感受，从而让我们心生同情、怜悯和不忍，进而伸出援手。

既然理解了人类会感同身受，那么我们再试想一下，要是你看到某人一直深陷在苦难之中，你会有什么感觉？这问题其实也是在问，**你能忍受自己一直深陷在苦难之中吗？**

肯定没办法接受吧！这就是困境具有黏着力的第二个武器——**同理心**。

当我们看到故事中的主角遭逢困境，本能会让我们忍不住模拟情绪、产生同情，一旦读者与主角有了情感联结，我们就会加倍渴望看到主角可以走出困境，得到好的结果。故事也就这样成功勾人看到了结尾。

在困境这个环节，就是要将主角的所有惨况都端出来。

但是困境该怎么想呢？其实你已经想好了，还记得上一节“功、解、情”最后得到的相反情境吗？它就是我们要使用的困境。只是我们还要补充人物、时空和事件。

1. 人物：这困境（相反情境）发生在谁身上？

2. 时空：这困境发生在什么时间或时机？什么地点或场合？

3. 事件：这困境具体是什么坏事或处境？经历什么过程？有什么细节？

在构思“人、时、事”时，还可以朝两个方向去想。

1. 发生在谁身上会最麻烦？（如果想不到，就套入你的商品预设的受众）

2. 怎么安排会有最大的情绪落差？

虽然这个环节有点像“凭空创作”一个故事，但虚构的故事会让创作者说得心虚，读者也容易反感。因此，我们是要编排故事，但绝不是要说谎。

我会建议你多使用“故事力”的“选材”，请你搜集商业故事素材，甚至搜集新闻。使用真实故事或新闻事件，有助于提高故事的可信度，也能提升故事营销的成效。

我们接续之前防癌险、高价位单车与顶级塑身衣的范例，帮助你理解如何设计“人、时、事”。

防癌险范例

情境：某家庭为了治疗一位家人的癌症，散尽家财仍无力支付。

人物：60 多岁的男性，王先生。

时空：刚退休，正打算四处旅游。

事件：被检验罹患了肝癌，多次使用自费疗程，但病情反复，全家的经济也被昂贵的自费疗程拖垮，陷入有药却没钱买的境地。

设定说明：

本范例使用了真实新闻作为素材，王先生在刚退休打算与妻子享受生活时，却检查出癌症，人生仿佛从云端跌落谷底（落差），

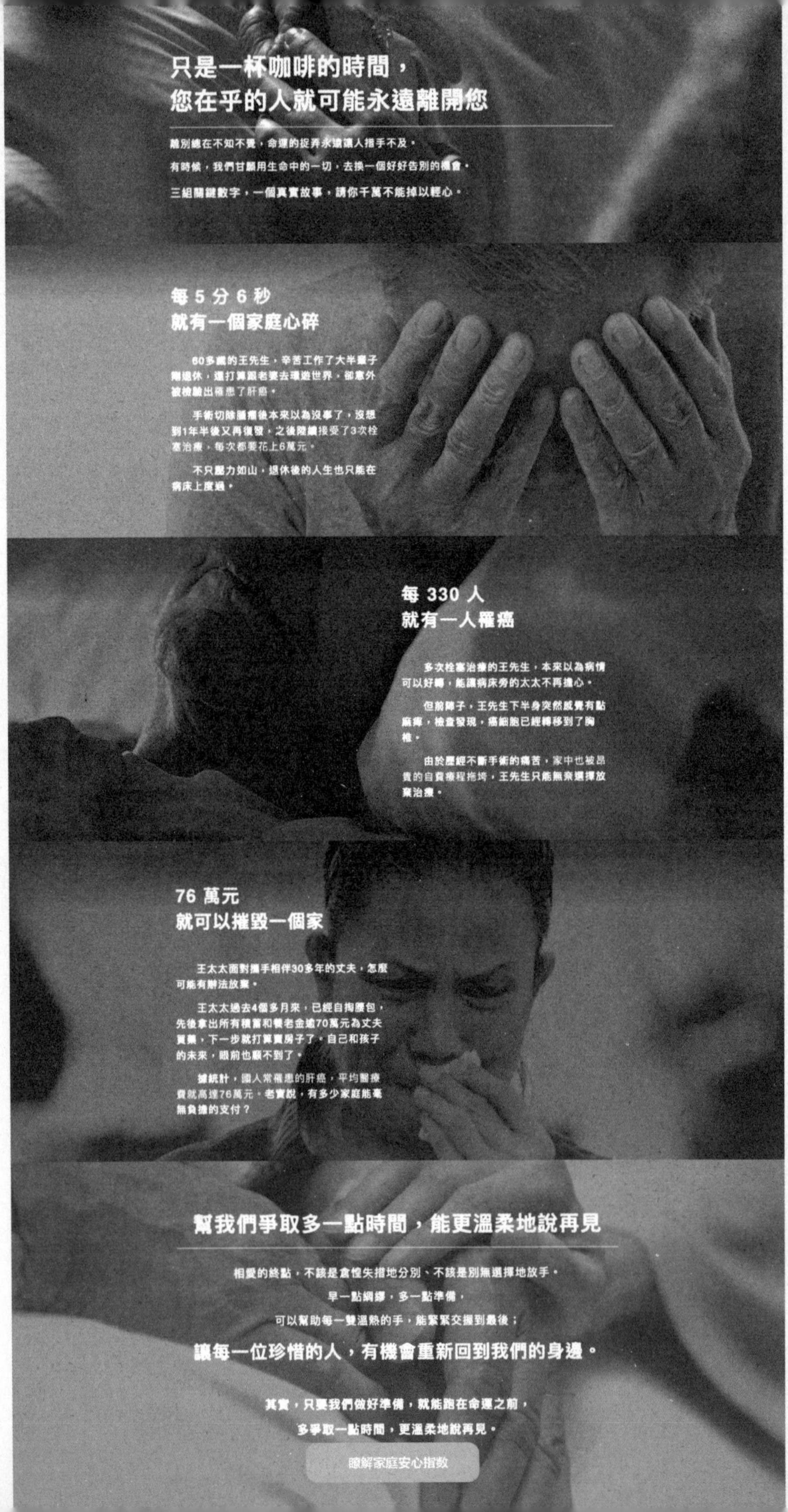

只是一杯咖啡的時間，
您在乎的人就可能永遠離開您
離別總在不知不覺，命運的捉弄永遠讓人措手不及。
有時候，我們甘願用生命中的一切，去換一個好好告別的機會。
三組關鍵數字，一個真實故事，請你千萬不能掉以輕心。
每 5 分 6 秒
就有一個家庭心碎
60多歲的王先生，辛苦工作了大半輩子剛退休，還打算跟老婆去環遊世界，卻意外被檢驗出罹患了肝癌。
手術切除腫瘤後本來以為沒事了，沒想到1年半後又再復發，之後陸續接受了3次栓塞治療，每次都要花上6萬元。
不只壓力如山，退休後的人生也只能在病床上度過。
每 330 人
就有一人罹癌
多次栓塞治療的王先生，本來以為病情可以好轉，能讓病床旁的太太不再擔心。
但前陣子，王先生下半身突然感覺有點麻痺，檢查發現，癌細胞已經轉移到了胸椎。
由於歷經不斷手術的痛苦，家中也被昂貴的自費療程拖垮，王先生只能無奈選擇放棄治療。
76 萬元
就可以摧毀一個家
王太太面對攜手相伴30多年的丈夫，怎麼可能有辦法放棄。
王太太過去4個多月來，已經自掏腰包，先後拿出所有積蓄和養老金逾70萬元為丈夫買藥，下一步就打算賣房子了，自己和孩子的未來，眼前也顧不到了。
據統計，國人常罹患的肝癌，平均醫療費就高達76萬元。老實說，有多少家庭能毫無負擔的支付？
幫我們爭取多一點時間，能更溫柔地說再見
相愛的終點，不該是倉惶失措地分別、不該是別無選擇地放手。
早一點綢繆，多一點準備，
可以幫助每一雙溫熱的手，能緊緊交握到最後；
讓每一位珍惜的人，有機會重新回到我們的身邊。
其實，只要我們做好準備，就能跑在命運之前，
多爭取一點時間，更溫柔地說再見。
瞭解家庭安心指数

防癌险广告页

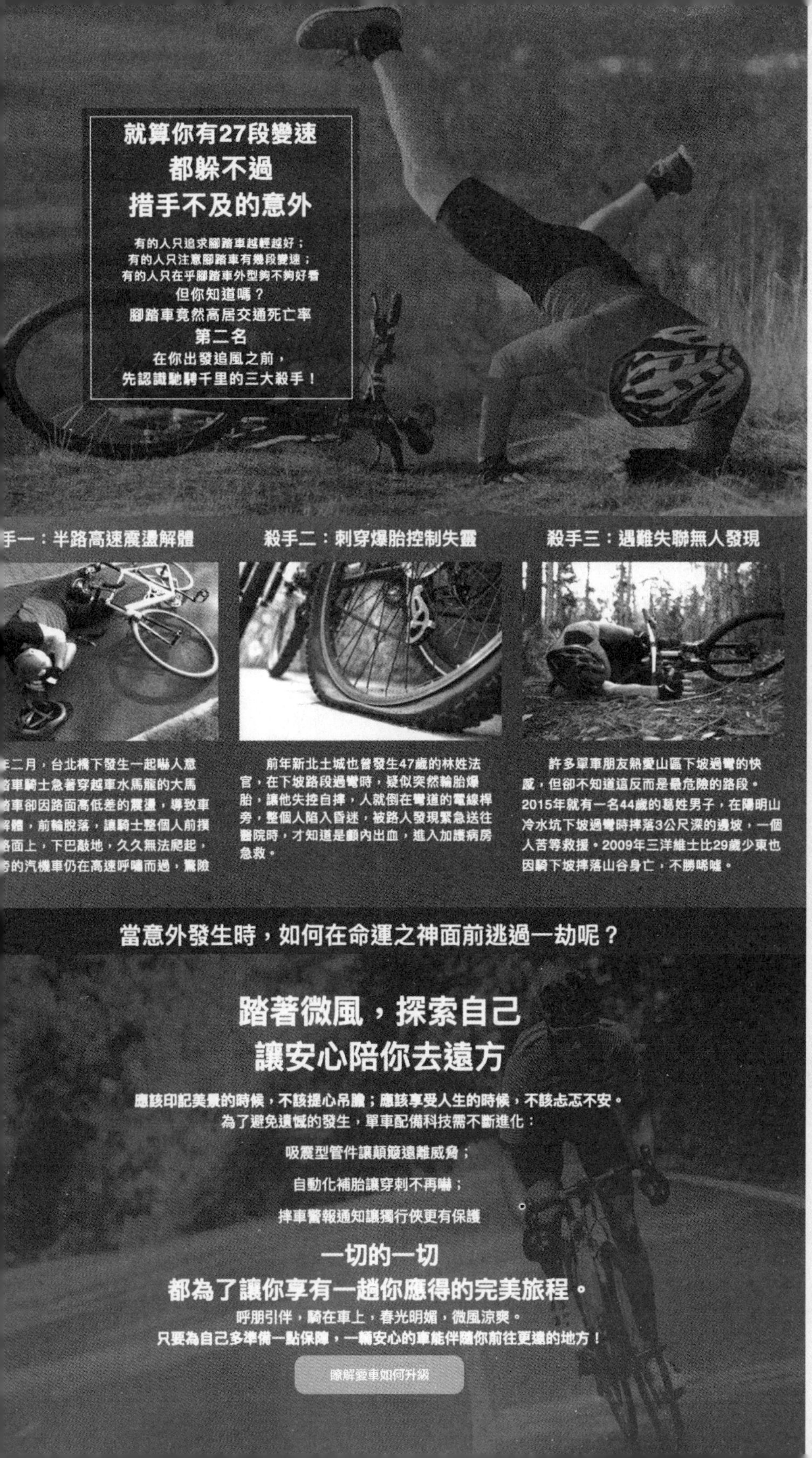
就算你有27段變速
都躲不過
措手不及的意外
有的人只追求腳踏車越輕越好；
有的人只注意腳踏車有幾段變速；
有的人只在乎腳踏車外型夠不夠好看
但你知道嗎？
腳踏車竟然高居交通死亡率
第二名
在你出發追風之前，
先認識馳騁千里的三大殺手！
手一：半路高速震盪解體
殺手二：刺穿爆胎控制失靈
殺手三：遇難失聯無人發現
二月，台北橋下發生一起嚇人意
車騎士急著穿越車水馬龍的大馬
車卻因路面高低差的震盪，導致車
體，前輪脫落，讓騎士整個人前撲
面上，下巴敲地，久久無法爬起，
的汽機車仍在高速呼嘯而過，驚險
前年新北土城也曾發生47歲的林姓法官，在下坡路段過彎時，疑似突然輪胎爆胎，讓他失控自摔，人就倒在彎道的電線桿旁，整個人陷入昏迷，被路人發現緊急送往醫院時，才知道是顱內出血，進入加護病房急救。
許多單車朋友熱愛山區下坡過彎的快感，但卻不知道這反而是最危險的路段。2015年就有一名44歲的葛姓男子，在陽明山冷水坑下坡過彎時摔落3公尺深的邊坡，一個人苦等救援。2009年三洋維士比29歲少東也因騎下坡摔落山谷身亡，不勝唏噓。
當意外發生時，如何在命運之神面前逃過一劫呢？
踏著微風，探索自己
讓安心陪你去遠方
應該印記美景的時候，不該提心吊膽；應該享受人生的時候，不該忐忑不安。
為了避免遺憾的發生，單車配備科技需不斷進化：
吸震型管件讓顛簸遠離威脅；
自動化補胎讓穿刺不再嚇；
摔車警報通知讓獨行俠更有保護
一切的一切
都為了讓你享有一趟你應得的完美旅程。
呼朋引伴，騎在車上，春光明媚，微風涼爽。
只要為自己多準備一點保障，一輛安心的車能伴隨你前往更遠的地方！
瞭解愛車如何升級

高价位单车广告页

经济上的烦恼为之后商品现身做了准备。

高价位单车范例

情境：骑士们因车身震荡解体摔车或轮胎爆裂摔车，而且因摔车昏迷无人知晓而延误救援。

人物：市区骑士（对应功能：吸震管件）+ 晨运骑士（对应功能：防刺穿轮胎）+ 山路骑士（对应功能：摔车自动警报）。

时空：都市大路口通勤时 + 清晨人潮稀少的时段 + 山区人车罕至的路段。

事件：在车水马龙的路口，骑士脚踏车重摔解体 + 骑士清晨骑车时却突然爆胎，失控自撞 + 骑士在山区行车，下坡过快摔落山坡昏迷，却无人知晓，延误救治。

设定说明：

本范例是使用真实新闻作为素材，用三则新闻呈现了如果没有这三项功能，可能导致何种情况，为三项安全功能的发挥做了预备。原本感觉健康又安全的单车，却可能成为夺命的助推器，这就是设计落差。

顶级塑身衣范例

情境：一位有高消费能力的女性，试尽各种办法仍无法解决身材困扰。

人物：46 岁女性，徐太太。

时空：家长会、老公朋友聚会、姐妹聚会。

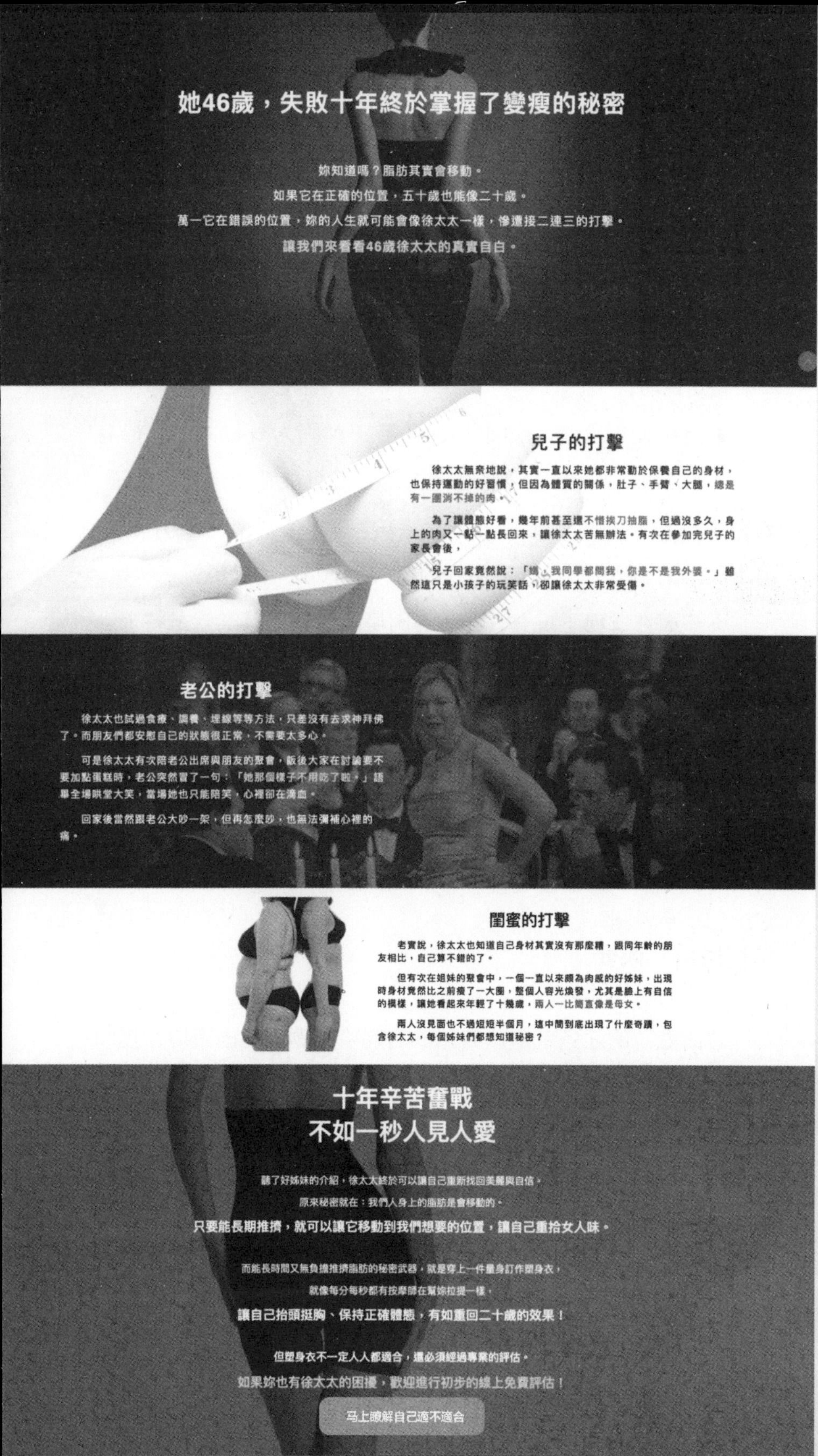
她46歲，失敗十年終於掌握了變瘦的秘密
妳知道嗎？脂肪其實會移動。
如果它在正確的位置，五十歲也能像二十歲。
萬一它在錯誤的位置，妳的人生就可能會像徐太太一樣，慘遭接二連三的打擊。
讓我們來看看46歲徐太太的真實自白。
兒子的打擊
徐太太無奈地說，其實一直以來她都非常勤於保養自己的身材，也保持運動的好習慣，但因為體質的關係，肚子、手臂、大腿，總是有一圈消不掉的肉。
為了讓體態好看，幾年前甚至還不惜挨刀抽脂，但過沒多久，身上的肉又一點一點長回來，讓徐太太苦無辦法。有次在參加完兒子的家長會後，
兒子回家竟然說：「媽，我同學都問我，你是不是我外婆。」雖然這只是小孩子的玩笑話，卻讓徐太太非常受傷。
老公的打擊
徐太太也試過食療、調養、埋線等等方法，只差沒有去求神拜佛了。而朋友們都安慰自己的狀態很正常，不需要太多心。
可是徐太太有次陪老公出席與朋友的聚會，飯後大家在討論要不要加點蛋糕時，老公突然冒了一句：「她那個樣子不用吃了啦。」語畢全場哄堂大笑，當場她也只能陪笑，心裡卻在滴血。
回家後當然跟老公大吵一架，但再怎麼吵，也無法彌補心裡的痛。
閨蜜的打擊
老實說，徐太太也知道自己身材其實沒有那麼糟，跟同年齡的朋友相比，自己算不錯的了。
但有次在姐妹的聚會中，一個一直以來頗為肉感的好姊妹，出現時身材竟然比之前瘦了一大圈，整個人容光煥發，尤其是臉上有自信的模樣，讓她看起來年輕了十幾歲，兩人一比簡直像是母女。
兩人沒見面也不過短短半個月，這中間到底出現了什麼奇蹟，包含徐太太，每個姊妹們都想知道秘密？
十年辛苦奮戰
不如一秒人見人愛
聽了好姊妹的介紹，徐太太終於可以讓自己重新找回美麗與自信。
原來秘密就在：我們人身上的脂肪是會移動的。
只要能長期推擠，就可以讓它移動到我們想要的位置，讓自己重拾女人味。
而能長時間又無負擔推擠脂肪的秘密武器，就是穿上一件量身訂作塑身衣，
就像每分每秒都有按摩師在幫妳拉提一樣，
讓自己抬頭挺胸、保持正確體態，有如重回二十歲的效果！
但塑身衣不一定人人都適合，還必須經過專業的評估。
如果妳也有徐太太的困擾，歡迎進行初步的線上免費評估！
马上瞭解自己適不適合

顶级塑身衣广告页

事件：她尝试过借助中西医、运动减肥塑身，但总是失败或复胖，自己又没胆子动刀抽脂，因为儿子无心的话、老公的玩笑话而受伤，跟同年龄的姐妹们相比，自己也显得臃肿老态，整个人非常自卑。

设定说明：

本范例使用全虚构故事，创造了三种因为身材关系，最容易让人听起来（或感觉）不舒服的场合，而且故意让亲近的儿子、老公说出伤人的话，让张力更大（落差），在人物设定中也点出不敢动刀，所以塑身衣是最好的替代品，为产品呈现留下伏笔。

不知道你发现了没有，在构思困境的时候，其实就是将上一节想到的情境挪来使用，再补充“人、时、地”，设计最大的麻烦与落差即可。

“功、解、情”的情境，就是“常、境、变”的困境。

看到人物困境感同身受而产生情感联结的读者，就会希望主角能得到解救，走出困境，这就来到了故事的最后一个段落——改变。

结尾段落：改变

“改变”的任务就是让商品成功解决问题，走出困境，正向改变主角的生活。

在构思改变时，跟构思困境一样，只要移植就好。我们在“功、解、情”的“解决”中，不是已经请你想好了商品功能可以解决什么问题吗？

“功、解、情”的解决，就是“常、境、变”的改变。

因此，要解决我们上一段创造的困境，就让商品发挥它的主打功能即可。“改变”这个环节，反而是“常、境、变”中最简单的一环。

继续用之前防癌险、高价位单车与顶级塑身衣的案例。我们先列出上一节想出的“解决”。

解决	
防癌险	减轻罹患癌症者家庭的经济负担
高价位单车	能防止各种意外（剧烈震摔、轮胎爆裂、孤身摔车）危及生命安全
顶级塑身衣	长年为身材所苦的女性能瞬间拉提塑身，解决体态、心理的困扰

接着将“解决”联结上段的“困境”来构思“改变”。

改变	
防癌险	获得防癌险理赔的王家人，终于有钱可以进行治疗，让王先生得以慢慢康复，家人还能团聚、共享天伦
高价位单车	如果骑士使用配备了吸震管件、防刺穿轮胎、摔车自动警报这三种行车安全装置的单车，就可以让自己免于暴露在高风险之中，放心享受追风驰骋的成就感
顶级塑身衣	徐太太听了好姊妹的介绍，使用了塑身衣，收到有如重回 20 岁的效果，她终于可以让自己重新找回美丽与自信

承接着困境的剧情，故事尾段让商品登场，商品就是困境的

解决方案，为主角带来好结果。

本环节的构思要诀就是，**商品不只解决眼前的困境，还让主角开启了美好人生**，连带有心态上的正向提升，将好处放大，商品也就显得伟大而必需了。

由结构收敛大纲

三段结构“常、境、变”，可以完成故事再回头添加反常，从困境到改变就是故事的主线，现在就请你尝试将你想到的困境和改变，整理成一份大纲。通常只要回答下列7个问题（5W1H1F），就能浮现故事雏形。

1. 故事主角是谁（who）。
2. 在什么时间点（when）。
3. 在什么地点（where）。
4. 因为什么原因（why）。
5. 必须做什么事（what）。
6. 他怎么做到（how）。
7. 最后他……（finally）。

我以自己的广告编剧作品《把最好的留给最爱》为例。

1. who：由单亲妈妈辛苦地一手带大的孝顺儿子。

2. when：儿子获得升迁机会，即将出国工作，留妈妈一人在国内。

3. where：家中和国外。

4. why：家中手机收不到信号，儿子担心出国后无法时常联系妈妈，也明白妈妈心中没说的落寞。

5. what：他必须改善家中的网络信号，用来方便自己与妈妈通话，缓解妈妈的思念。

6. how：他偷偷安装了家用信号接收器，改善家里的网络信息接收。

7. finally：人在国外的他，在妈妈生日当天给了她惊喜，并约定每天都要跟妈说说话。

回答完7个问题，我们再将上述答案串写成简短好懂的大纲。以下就是此广告剧本的原稿大纲。

1. 反常

儿子（30岁）带着施工人员偷偷摸摸、神神秘秘进入屋内。屋内的妈妈（60岁）坐在椅子上睡着了，浑然不觉。

2. 困境

墙上有张小孩子画的画，让儿子回忆起过去。

妈妈（40岁）靠改衣服带大孩子。儿子（10岁）总在裁缝机旁画画陪伴妈妈，母子俩相依为命且感情深厚。

儿子长大后工作日渐忙碌，与妈妈相处时间变少，而且家里总是没有网络信号，妈妈常接不到儿子关怀的电话。

有一天儿子升职了，即将出国工作，妈妈知道后虽然有些落寞，但仍鼓励儿子勇敢追梦，儿子也将妈妈的神情看在眼里。

半夜，儿子在手机上看到家用信号接收器的文宣，若有所思。

儿子出国了，家里只剩妈妈一个人，她孤独地踩着裁缝机工作。

3. 改变

这时屋内电话响起，并不是妈妈的旧手机。妈妈在屋内寻找，从桌下拿出一个纸盒，是纸盒里面传出的电话声。

妈妈打开纸盒，里面有一部新手机，上面贴着的纸条上写道："妈，生日礼物。"

妈妈拿出手机，来电画面是儿子的头像。

儿子从国外打回电话，说明家用信号接收器让家里有了网络信号。母子开心讲话，从此远距离沟通再无问题。墙上的画，让两人回忆起过去的时光。

扫描下方二维码可以在线看到这份大纲的成品，虽然根据实际拍摄情况有些微调，最后也因厂商的要求塞入一大段广告词，但剧情大抵仍是相同的。

把最好的留给最爱

在发展故事情节这个阶段，利用 7 个问题再套入三段结构，希望你能根据前面的步骤，整理出一份故事大纲。

有了故事草稿，我们才能走向下一段任务，即增加故事的动力。

最后我们来看一个在线影片，请扫描下方二维码，进入网址播放影片。这部影片就是故事营销的知名经典范例。

请你先看完影片后，再往下看结构分析。本影片正是标准的“常、境、变”结构。

记忆月台

记忆月台	
反常	一名老太太每天来到月台枯坐，既不说话也不乘车，非常怪异，好不容易开了口，却是一句没头没尾、摸不着头绪的“小心间隙”
困境	原来老太太的老公已经去世多年，老太太便在月台听着老公广播里的声音，思念着他，但后来广播的声音却被换成了一个冰冷的女声，而且站长表示她老公的声音再也找不回来了，老太太伤心离开
改变	老太太再次回到车站，该车站在站长的努力下，又恢复了她老公的声音，老太太也得到了老公声音的录音材料，从而走出了阴影，开始面对新的生活

为什么《记忆月台》可以这么成功呢？先撇除制作质量与好听的歌曲不讲，它还做到了三点。

1. 将商品色彩淡化

它是真正在讲一个好故事，而商品只是点缀，当我们看到U盘（商品）出现的时候，我们顶多会心一笑，但不至于产生反感，或有梦被惊醒的感觉，我们还是可以好好体会整个情感历程。**不强调，反而记住了。**

2. 借用真实素材

故事营销常被人诟病之处就在于大众总觉得“为了编出感人故事，你们一定有说谎”。不被相信的故事又怎么可能打动人！这也是为什么我说多使用企业真实故事或新闻事件的原因，《记忆月台》源自新闻事件的改编。**因为知道是真实的，所以情感更能放心投入。**

3. 升华意义与价值

站长交付的那个U盘，里面不只有录音，还有老太太夫妻俩多年的情感与回忆。字幕上最后那几句“记忆是趟旅程”到“记忆永远都在”就是全片的最终一击，诉诸情感与理念，让观众心中悸动，进而想行动（分享影片）。

设计故事营销难免会遇到厂商（投资方）坚持在最后感人时刻加入一段又硬又长的广告词，让主角念出，破坏气氛的情况。

在拿捏尺度时，请你根据投资方的要求，考虑广告想要达到的目的是什么，是介绍商品功能，还是只是想打商品形象？

如果是要介绍商品功能，那加入台词也无妨，但我建议重点应放在**将相反情境设计得有感，让产品优势看得见**，这比念出来要有意义多了。

如果是为了打商品形象与印象，则建议尽量淡化广告色彩，让观众被情感打动，商品会更容易被记忆与传播。

至于怎么升华故事意义与价值，则是我们下一节“发动故事情感”的任务。

09 发动故事情感口诀："高、重、利"

让人行动有两大思考方向：提高动机或降低难度。

上一个环节从情境与解决发展出困境与改变，故事骨架已经大抵完成。但光有故事还不够，还记得我们说过，**不只是要说故事，而是要传递情感与价值观。**

最后能让受众愿意付诸行动，不管是结账、留下资料、募资，还是参加活动、分享点赞，踢进最后临门一脚的往往是一份情感理念。

这里指的情感不只是亲情、爱情等人际关系之情，还包含情绪与感受，有时我们不见得都是被正向情绪鼓舞，也可能是被愤怒与恐惧支配，这些依然是很强大的人性动力。

所以本环节的任务，就是要修改故事的调性，让动力加强。

本环节依然有一句口诀："高、重、利"。**必须让你的故事崇高化、严重化、便利化。**

在解释口诀前，我想先跟你分享一个跟营销有关的人性感悟。

人生三求：被爱、怕死、省时

在“营销力”的“商品四问”中，我最重视“需求”这一项，只要找到受众的“核心需求”，商品就不愁卖不出去。

但是，什么是“核心需求”呢？这问题其实要先知道，**人类到底要什么？人生在世究竟在追求什么？**

1943 年美国心理学家马斯洛提出了“需求层次理论”，用此来解释人类需求的脉络。

这个理论提出人类有 5 种需求，但这 5 种需求有高低之分。多数人会从低层次需求开始向高层次需求追求。这 5 层由低到高分别是：

1. 生理需求

人要生存的最基本需求：有食物吃，有房子住，有衣服穿，能健康活着等。

2. 安全需求

满足生理需求后，接着会追求生活得安全：经济安全（投资）、身体保健（养身）、社会安全（保险）等。

3. 社交需求

满足安全需求后，接着会希望被人爱或认同，有归属感：购买美妆华服、热衷健身美体、参加社交团体或联谊会、结交朋友或伴侣等为了被喜爱的衍生行为。

4. 尊重需求

满足社交需求后，接着会希望获得更多人的尊重与佩服，去从事能展现能力或表达看法的行为，例如演说、写作、表演、展示作品、经营社群、成名，让自己被大众注目，拥有声誉。

5. 自我实现需求

满足尊重需求后，会希望自我实现，挑战极限，发挥潜能：可能将某一专长磨炼到极致满足成就感，可能从事社会公益活动，可能尝试没做过或做不到的事等，只是为了实践心中的自我。

大多数情况下，人会由低至高，一层层向上满足。先能活，再追求活得好，活得好才追求有朋友知己，有了身边认同的知己再来追求外界声誉，有了外界声誉最后追求自我的实现。

我有一个课上常举的简单生活实例，帮助你理解这个需求理论的顺序，这个实例有个五字口诀，叫作换车五部曲之“机、旧、车、名、梦”。

1. 生理需求

一般人刚步入社会，20 岁出头，他有交通的需求，他可能会买一辆摩托车来代步。对他来说，只要能满足他的最低代步需求就好。

2. 安全需求

骑了几年摩托车，可能到了 30 岁左右，中间难免发生一些小车祸、受过一些小伤，他开始想让自己更安全一些，无奈手头还不算宽裕，于是他决定先买一辆二手汽车，虽然有些烂，但至少安全了一些。

3. 社交需求

持续工作了几年，经济上宽裕了，他开始觉得这台旧车开出去真不好看，女性朋友都嫌，男性朋友都笑，家人也觉得有些难看。现在有些积蓄与稳定收入的他，决定买一辆价格实在的新车来开，毕竟人也是要面子的嘛。

4. 尊重需求

到了 40 岁之后，他已经是公司的主管阶层，在外界也有了人脉，需要常常应酬聚会，他看别人的车都是进口名车，觉得自己各项条件也不输于人啊，应该也开一辆好车来映衬自己的身份，于是他换了一辆有些招摇的进口名车，享受下属与亲友的崇拜，整个人也得意了起来。

5. 自我实现需求

到了 50 岁之后，他发现自己成就也有了，地位也有了，财富也有了，他开始想，自己的梦想是什么呢？他想要挑战单车攻顶玉山，所以他买了辆单车。他想要重机[①]环岛，所以他买了重机。这时的他不在意安全与舒适，只在意他的梦想能否达成。

用这个生活实例，方便让你理解需求一层层满足的顺序。如果案例中的男子无法达到经济上的安全，始终没有足够的积蓄，那他可能就一直停留在骑摩托车或开旧车，无法再往上追求社交、尊重与自我实现。

---

① 重机即排气量超过 250CC 的摩托车。

但这满足顺序真的是必然的吗？在现实世界中，有没有人是跳着追求的呢？

当然还是有的，电视中常常看到有拾荒老人定期把钱捐出去做公益，历史上也不乏穷困潦倒的艺术家，他们都是自我实现需求大过了生理安全需求。所以这 5 层只能说是人类普遍会有的五项追求，没有必然因果关系。

不过，马斯洛需求层次理论还是有个相对强弱的现象，对大部分的人来说，低层次与生存相关，是相对必要的；高层次与梦想相关，是相对不一定必需的。因此**低层次需求的吸引力还是比较强大且普及的。**

说到这，你也可以思考，**你卖的商品是为了满足这 5 层需求中的哪个呢？**

马斯洛需求层次理论是个完整的架构，但也有些发散，所以我习惯将它简化成三个方面，这样能比较方便地构思营销方向，我称之为“人生三求”，也是人类行动的三大原始驱动力。

1. 被爱

指被人需要，被人关注，被人爱慕，被人推崇。所有自我提升行为（内涵或外在）、社交活动、挑战成就都属于此类。甚至时髦穿着、旅游打卡、购物展示、上网贴出手工成果等所有能赢得他人注目的行为，都属于广义的此类范畴。

2. 怕死

首先指的当然是生理上的死亡，所以与医疗、保健、饮食最直接相关。

其次指生活上的安全（居住、交通），经济上的安全（投资、保险）也属此类。

最后指情绪上的安稳，避免压力、忧郁、沮丧、挫折在广义上也属于此类范畴。

3. 省时

这是现代快节奏社会所衍生的追求，强调省时快速，降低行动难度或行动成本，主打完整性，能一次满足。它是在这信息爆炸、选择多样的社会，人性会倾向的追求。毕竟人生苦短，时间有限。在竞争激烈的环境中，能否让他人省时省事又有最高效益，是你的商品或服务最后被选择与否的关键。

市面上的“成功学和投资术”为什么永远有市场？“人生三求”就能完美解释。

人想要成功发财，是因为有钱之后，随之而来的就是**被爱感**（经济优渥，择偶条件上有加分）、**被需要感**（能给家人良好的生活质量）、**被推崇感**（被人羡慕，分享致富心得），也能兼顾**健康生活**（享受较好的饮食、生活环境、医疗与保健）、**经济安全**（有能力投资与保险）、**情绪安稳**（良好生活质量与成就感能带来正向情绪）。

当成功发财能满足民众被爱和怕死的渴望时，怎样能最省时省力达到目的就成为民众第三大追求。

所以大多数关于成功学和投资术的书籍，都在给你洗脑，告诉你可以多么轻松就发大财，像是“25 岁就当包租公”“5 年存到 1000 万”“38 岁就退休”“45 岁达到财富自由”“每天 80 元多赚一套房”“做对一件事多存 1000 万”“一只股票让你安心退休”等等。

投资、保险、直销等都在煽动你的“省时”需求，因为世界真的太大，人生真的太短，我们都希望可以用最短的时间完成人生的梦想。

既然“人生三求”是人类的原始驱动力，我们就应该在营销上主打这“三求”，让我们的商品可以有更强的动力。但有两点声明：

1. 不是每种商品都一定要“三求全用”，有时一求用得好就可以走遍天下。

2. 每种商品一定都能找出与这“三求”的联结点，只看哪“一求”最能够被受众埋单。

我举“写作教学”为例，假设我想向受众推广“应该来学写作”，“三求”都可以是我的主打。

1. **主打被爱**：写作是自我的实现，好作品可让你被推崇、被欣赏。

2. **主打怕死**：写作是一种负面情绪疗愈，可以抒发焦虑、悲伤与压力。

3. **主打省时**：写作教学系统化，有明确步骤，人人都好上手，无痛学习。

如果文宣的版面够长，这“三求”我通通可以写在文宣里。

但要是你对我的风格熟悉，你一定知道，“三求”中我一向只强调“省时”，而没有去主打“被爱、怕死”。

“三求”虽然都可以是我们的主打，但还是要看你觉得受众对哪种方式会有最大的共鸣。

你也可以用你的商品思考怎么联结人生“三求”。

1. 你的商品如何帮助他被人喜爱与尊重？

2. 你的商品如何帮助他更安全、健康、安心？

3. 你的商品如何帮助他更轻松、快速、省事？

完成了“人生三求”的问答后，我们可以根据这“三求”，在故事最后的收尾、金句、主张中设定我们想强调的最后一击是什么。

发动故事三大手法：“高、重、利”

在前一段任务“常、境、变”中，我请你整理了一份大纲。这份大纲无论是写成文字的故事、做成文宣或销售页，还是拍成微电影，最后一定还是会有一个制作者的“意图”，可能是购买商品、分享信息、到场支持、留下联络方式，等等。

当我们希望顾客可以行动，一定要有个让他们愿意行动的动力，提高动力他们才有可能照我们的意思行动。

我们不只是要说故事，而是要说一个会使受众行动的故事。

对故事营销来说，受众看完故事很感动却没有行动，任务依然算是失败了。因此在故事草稿完成后，我们就要构思设计，如何加强故事的动力，达到我们的意图？

手法一：崇高化

第一个手法是崇高化，是指**让商品可以联结一份情感、理念、价值观或正向感受。**

它也是我们“人生三求”中“被爱”的应用，主张商品不仅能解决问题，还有更伟大或必需的价值。

我同样用之前的三款商品为例，帮助你理解怎么设计崇高化。

被爱/崇高化	
防癌险	买一份防癌险，是为了不让家人担心，不让自己的医疗费成为拖垮家人的重担，也是为了接受治疗后，能有更多的时光陪伴最爱的家人
高价位单车	车子骑过的不是山路，而是崎岖的人生路。在路上你将结交知己伙伴，一起挑战自我，获得人生成就。为此，你更值得拥有一辆陪你翻山越岭的好车
顶级塑身衣	穿上美丽，穿上自信，你应该抬头挺胸为自己骄傲一次，享受众人崇拜的目光。对自己好一点，让自己美一点，自信就是你最美的彩妆

要制造崇高化，请你试着造出这个句子：

你买的不是商品，而是一份____。

尝试让商品与一份情感或价值相连接，是设计崇高化的诀窍。

我在上课时常会请学员自我定位，让他们跟自己说：**“我不是在卖东西，我是在改变世界。”**

这听起来虽然有些夸张，但我相信只要你卖的商品不是超烂的东西，它能真的解决某一部分人的困难，让他们的生活因此改善，那你的的确确靠商品改变了世界。

你应该为此感到骄傲，并且抬头挺胸地说出来，亲自为你的商品打一束圣光。

手法二：严重化

第二个手法是严重化，**是指将没有使用商品的后果放大，变成一个重大危机，煽动受众的恐惧心理。**

它也是“人生三求”中“怕死”的应用，点出没有使用商品的潜在危害，让受众想避免风险而行动。

我以之前的三款商品为例。

怕死／严重化	
防癌险	得癌症不是死刑定案，只要有妥善的保险，有充足的医疗费，帮助你安心治疗、养病，你其实可以康复后享受人生，而不是无奈地向家人告别
高价位单车	运动是最好的保健品，但有安全保障的运动才是有质量的保健。单车是交通死亡率第二高的交通工具，为避免各种致命行车意外，你应该慎选一辆陪你安心驰骋的智能科技单车
顶级塑身衣	想要变美变瘦，你不用吃来路不明的药，不用忍受绝食的痛苦，不用在自己身上挨刀，不用担心有整形失败无法见人的风险，塑身衣低副作用不伤身，你可以更安全地变美变自信

要制造严重化，请你试着造出这个句子：

如果不这样做，小心你可能会____。

尝试提醒受众没有使用商品的风险，并说得严重些，是它设计的诀窍。

每次讲课，严重化是学员最容易有疑虑的环节，他们很怕自己的文案会不会变得“危言耸听”，宣传变成“贩卖恐惧”。

这里有三个可以思考的地方。

1. 根据商品属性决定是否使用。有学员贩卖的是唇膏，对这类商品，塑造愿景显然比提醒风险自然多了。

2. 严重化中仍有拿捏尺度问题。我们不必夸大，但可以善意提醒。以唇膏为例，你可以标榜全天然食品级原料，不用担心吃下有害物质。这样不夸大但却依然提醒了风险，凸现了优势。

3. 严重化可以与崇高化并用。一手拿棍棒，一手拿胡萝卜。一方面点出风险，一方面描绘愿景，让落差拉大，动力加倍，正反面都有顾及，平衡调性。

严重化本身只是工具，没有好坏之分，对于特定类型的商品，有时严重化比崇高化有效 100 倍。

比如“戒烟广告”，你一直宣扬戒烟多么伟大，家人会为你骄傲，朋友会更喜欢你。还不如让他看看黑掉的肺、肺癌垂死的病人、被二手烟影响的畸形胎儿，他可能更有危机感，进而提高戒烟意愿。

说到这你可能联想到了市面烟盒上强迫印制的警语图片，就是在进行严重化的提醒。只要不过度夸大，你的提醒就不是恐吓，而是为了避免遗憾发生。

手法三：便利化

最后一个手法是便利化，是指降低使用商品的成本，标榜轻松、快速、省事、完整。它是“人生三求”中“省时”的应用，让受众一方面觉得不费事不费力，一方面觉得效益比高，从而提高行动意愿。

我以之前的三款商品为例。

省时 / 便利化	
防癌险	还在被各式各样的保险商品搞昏头吗？本防癌险每天只要 10 元，一次拥有 15 种癌症全盘规划，并保证用最快速度、从宽认定理赔
高价位单车	本单车特殊轻量材质，人人好上手，有效降低身体疲劳不适，轻松变身专业车友。还享有终生实体店面免费车体保养与运动咨询
顶级塑身衣	塑身衣让你腰围 1 秒少 6 寸，有效维持一整天健美体态，每天穿着还能雕塑身形，轻松省事而且无失败风险

要制造便利化，请你试着造出这个句子：

只要有了它，你就可以轻松快速_____。

尝试强调受众使用商品的低成本、低风险、高效益与便利性，是它设计的诀窍。

我们想要促使受众行动，要先知道他们为什么不行动。

人类行动与否往往取决于两大因素：动机与难度。

举个生活中的例子，假设有人想要减肥，如果他觉得胖胖的也没什么不好，没有什么一定要减的原因，那么因为动机太低，他就不会行动了。

这时我们可以尝试提高他的动机，跟他说减肥瘦下来大家都会崇拜佩服他（崇高化），跟他说肥胖容易引发疾病甚至早死（严重化）。将动机提高，他就有更高的行动意愿。

假设他愿意减肥了，但是他跑了一下步觉得好累喔，而且又要节食，好痛苦，他觉得这对他来说太难了。当难度过高时，他也不会行动了。

这时我们给他一个震动机，只要站上去，靠着机器震动就会燃烧脂肪，边看电视边能瘦（便利化）。我们将难度降低了，他就愿意尝试减肥了。

由此可知，**要让人行动有两大思考方向：提高动机或降低难度。**

前面讲的崇高化与严重化，一正一反都是在提高动机。而便利化则是在降低难度。

当你将行动的过程布置得舒适便利，有好处又不难，他自然再也没有不行动的理由了。

我们前一步骤整理出来的故事大纲，这时就要在故事收尾时，再次强调“高、重、利”这三点，补上临门一脚将球踢进得分。

崇高化：你买的不是商品，而是一份_____。

严重化：如果不这样做，小心你可能会_____。

便利化：只要有了它，你就可以轻松快速_____。

也就是，当故事说完了，在故事的**最后一段或最后的结语，你应该来一段行动呼吁，起到提高动机或降低难度的作用，让受众有更高的行动意愿，而不只是把故事看完。**

你可能也发现了，“高、重、利”的设计，绝不是只能用在结尾，你回过头修改故事的内容或素材时，将其变得煽情、恐吓或充满好处，当然也可以，只是别忘了故事最后还是要再一次提醒读者行动。

接下来的一节，我再帮你回顾一下整个故事的设计流程，也帮你将前面的案例整合起来呈现，便于你更好地理解。

10 总结故事流程口诀："功、解、情""常、境、变""高、重、利"

给我同一套，但要不一样。

我先帮你复习一下三段口诀。

第一段构想口诀是"功、解、情"：从商品功能角度出发，思考能解决什么问题，这个问题又会发生在什么情境中。这个情境就是我们故事中的主场景。

第二段发展口诀是"常、境、变"：我们把前段口诀中得到的情境严重化为困境，而解决则为困境带来好的改变。从困境到改变就是故事的主线。最后为了让故事吸引人，我们还必须回头设计反常，让故事引人好奇（反常手法留待第 16 节"机制"中说明）。

第三段发动口诀是"高、重、利"：故事完成之后，要思考故事最后的结语或呼吁能否让受众做出指定行动。可以靠黑白手法来提高动机，也可以靠便利手法来降低难度。让故事不仅能被看完，还能达到营销目的。

这三段口诀我整理成了一个表格，即“构想＋发展＋发动：故事撰写流程表”，每一项旁的编号代表构思顺序。依序，一、二、三步骤“功、解、情”完成后，第四步骤是先跳到“困境”，而“困境”下方的小字也暗示你，“困境”从“情境”而来。同理，第五步骤“改变”也暗示你“困境”是从“解决”而来。再来构思“高、重、利”三种强化的可能性，撰写故事结尾的呼吁主张。

构想＋发展＋发动：故事撰写流程表

<table>
<tr><td rowspan="3">构想</td><td>功能①</td><td colspan="2">商品有什么客观且实用的特点</td></tr>
<tr><td>解决②</td><td colspan="2">商品能解决谁的什么问题</td></tr>
<tr><td>情境③</td><td colspan="2">上述问题会发生在什么场景</td></tr>
<tr><td rowspan="3">发展</td><td>反常⑦
机制</td><td colspan="2">先设置悬念，吸引读者对故事一探究竟</td></tr>
<tr><td>困境④
情境</td><td colspan="2">运用感同身受，与主角建立情感联结</td></tr>
<tr><td>改变⑤
解决</td><td colspan="2">商品成功解决问题，正向改变主角生活</td></tr>
<tr><td rowspan="3">发动</td><td rowspan="3">行动⑥</td><td>崇高化</td><td>被爱：需要／推崇／喜欢</td></tr>
<tr><td>严重化</td><td>怕死：健康／安全／情绪</td></tr>
<tr><td>便利化</td><td>省时：轻松／快速／省事</td></tr>
</table>

等到故事都完成了，再回头设计“反常”开头，下方小字写的“机制”，是后面会介绍到的十大故事吸引人元素，可以帮助你设计出有趣吸睛的开场。

在课堂上，多数学员运用此表格都可以在 60 分钟内完成故事草案，欢迎你尝试一下。

我也要提醒你，多数故事卡住的原因，其实出在对商品与受众不够了解上。如果你一直没有灵感，建议你先退回思考“商品四问”与“人生三求”，也许瓶颈就能顺利突破。

你还记得本章开宗明义的目的吗？那就是让你学会一套精练、实用、百搭、好操作的商用故事制作流程。你也可以说它是结构、套路、公式。你可能很排斥这些代表着“重复”的名词，怕你的故事因此失去了创意，但我想分享一个有趣的统计，让你知道创意也能被复制。

最需要创意的工作应该就是“广告”了吧。曾经有个以色列的研究小组，搜集了 200 个知名的广告，大多是广告大赏中得奖或入围的作品，受过市场与业界的肯定。

研究小组整理后发现，这 200 件作品中，有 89% 的作品都有“共通之处”，可以归纳成 6 大组别或称为 6 大样板。

这是个很有趣的结果，因为我们一向都会认为“成功的创意应该都很独特”，是创意人颠覆过往的心血结晶。但事实上，它们似乎隐隐有一套潜规则在运作。

既然可以整理出样板，那表示创意是可以被复制、可以被学习的吧？

于是研究人员决定做个实验，他们找来了三组广告业的菜鸟，给他们同样的产品，要他们制作出 15 个广告。

第一组，是最原始的。他们接到指令就直接制作。

第二组，他们必须先上两小时资深老师的创意课，再去制作广告。

第三组，他们则是学习怎么运用 6 大模板之后，再制作广告。

当三组制作完成后，再请消费者评价哪个组别的广告最具有“原创性”。

结果是第三组的得票比其他组多出了 50%，获得了压倒性的胜利。

这表示什么？其实有点尴尬，这表示**运用样板的创意成效不只高过一般人，还高过学过创意的人。**

这也证明了**一般大众接受的创意，其实并不是那么创新。**反而是在一个大框架下的创作，更容易让大众感觉到新鲜。这也是为什么好莱坞电影圈流传着一句话：

“给我同一套，但要不一样。”

市场上这么多有趣的电影，其实都是建立在同一套样板上的。这也是我请你使用结构与步骤的用意。我们设计流程，就是为了系统地操作，加速制作也能维持一定质量，飞快达到 80 分的水平。然后将省下来的时间，用来思考无法简化的难点——也就是故事的修改润色，一步步从 80 分到 85 分、90 分。

第二部分开始，我就要跟你分享故事营销里最大的秘密，也是最难的环节。

结构永远只是故事的基本盘，搞定了结构，说一个好故事的诀窍，就在接下来提到的“故事优化六字魔法口诀”中。

PART 3

要素解析

到底“故事”与“好故事”的界线是什么？怎样的故事可以算是一个好故事呢？

好故事就是能令受众触动情绪、感同身受、有所体悟、容易记忆的故事。

11 好故事口诀："具、情、简、意、机、金"

好故事就要有感动、有体验、有寓意、印象深。

前文我们分享了怎么有系统地编制商业故事，但这只是"有一个故事"，仍然不能保证它会是一个"好故事"。

到底"故事"与"好故事"的界线是什么？怎样的故事可以算是一个好故事呢？我们先来回顾一个流传甚广的都市传闻。

有一名男子到国外出差，晚上他一个人到酒吧小喝一杯，这时他与另一位同样单身的金发美女看对了眼，两人喝了几杯酒，相谈甚欢，便有默契地一起回到饭店房间。

男子本来期待着一场艳遇，但回到房间后，不知怎么他就迷迷糊糊晕过去了。当他再次醒来，第一个感觉是好冷啊！他发现自己全身赤裸，泡在了放满冰块冰水的浴缸中，同时他觉得后腰有些麻、有些疼痛。他用手摸了一下，结果手上变得一片鲜红，满是他自己的血。

慌乱的他看到浴缸旁放了一部电话，上面还贴了一张便条，纸上写着："不要乱动，你的肾脏被拿走了，如果你赶快叫救护车，也许还有机会活命……"

这个故事应该已经有20年的历史了，你可能看完第一段就猜到了结尾。它最早是通过电子邮件不停地扩散。虽然事后有人查证这个故事根本是网络谣言，只是地点从墨西哥、东欧各国、东南亚各国再到我国，变来变去，但依旧令人印象深刻，让人一旦在酒吧遇到单身美女，都会忍不住摸摸自己的后腰。

对我来说，这篇故事就满足了"好故事"的条件。而同样的内容，我其实也可以这样写：

男子被盗肾集团设计陷害，酒醉醒来后肾脏已被取走，尚有意识的受害男子立刻报警求救。

这就是常见的新闻体写法。你要说它不是故事，但是它也有人物、事件、结局，而且事件还非常悬疑且冲突呢！但你应该很难说它是一个好故事吧。

两相对比，我可以简单定义一下什么是好故事。

好故事就是能令受众触动情绪、感同身受、有所体悟、容易记忆的故事。

你还嫌太文绉绉吗？最白话的解释就是"**有感动、有体验、有寓意、印象深**"，这样就是一则好故事。

接下来，我就一一说明怎么做到这些，这也是我们修改润色故事的任务。总共有六个优化要点，将它们的首字串成一句口诀，也是第 12 小节到第 17 小节的标题缩写，又称为“故事优化六字魔法口诀”，即“具、情、简、意、机、金”。

12 故事优化六字魔法口诀（一）：具体

形容词是故事的天敌，请将其替换成动作或对白。

你有没有看过美食博客里写的用餐经验。我曾经看过一篇博客里写的《鼎泰丰食记》，文章中放了很多照片，照片之下有简短的批注。小笼包的照片下写着“好吃的感觉”。没了，就这样五个字。即便有照片可以看到小笼包本体，但还是让人觉得“写跟没写一样”。

到底这个“感觉”是什么感觉，难道不能说得清楚具体一些吗？

在写作的时候，最忌讳的就是“不具体”。因为**没有具体动作或对象就没有画面，没有画面就难以想象，难以想象就不会有深刻的感受。**

因此，**请记住一个心法，形容词是故事的天敌。**当你完成故事初稿的时候，请拿一支红笔，将所有文稿中的形容词全部圈起来，然后思考，这个形容词可以怎么替换成动作或对白后仍保持相同的意思。

基础做法一：形容改成动作

形容词是描述的快捷方式。当我说“洛克是个帅哥”时，你心中对帅的要求，跟我心中对帅的看法肯定是不一样的。我虽然用“帅”这个形容词快速为洛克的外貌作了说明，但它依然是抽象模糊的。

使用形容词就像是为被形容的本体薄薄地刷了一层油光，起到了淡淡的作用，但并不真实。就像走进市场或早餐店，虽然无数老板娘都会大声叫我帅哥，但我一次也没有相信过（当然还是有点开心）。

要让叙述变得真实一些，我们先得尝试将形容改成动作。

形容：我的摩托车很烂，超烂。

改动作 A 版：我每次骑车都要先踩 20 分钟才能发动。

改动作 B 版：骑在我摩托车后面的朋友，回家都要先擦脸。

笔下的“烂”是多烂呢？当改成动作之后，读者对于机车烂的程度就变得清楚且有画面感了。

同时你有没有发现，你在形容词前面再加修饰的副词，无论怎么加，也无法让形容词变得具体。

“很烂”“超烂”“非常烂”“无敌烂”，在读者眼中仍然是相似而且模糊的。许多文案或文宣喜欢用“超”这个字，超好用、超便宜、超方便、超厉害。这样的写法就是我说的走“快捷方式”。传达的目的是达到了，但功效却微乎其微。

如果描写时，实在写不出具体动作，则可以改成想象出的动作，说它“像什么”，也就是比喻的写法。

小说《哈利·波特》在描述校长邓不利多的鼻子时，就用了这样的写法：

他的鼻子又长又弯，好像至少断过两次。

形容词“又长又弯”之后又接了比喻“好像至少断过两次”，让前面的形容词变得立体、有画面、可以明确想象了。

当无法写具体动作时，比喻成一个想象的动作或情况，只要能够形成画面，都比只写形容词能打动读者。

基础做法二：置入原始对白

除了将形容改为动作，改为对白也是一种更具体的方法。

形容：主管看到我很生气。

改对白：主管看到我后，对我大吼：“洛克，给我滚过来！”

大吼已经是一个动作，再加上对白内容，就可以让主管生气的模样清楚呈现。

对白有一种魔力，每个人的措辞语调都不一样。在写对白的时候，尽量忠实保留说话者的语气，就能呈现当时的情境。

简约版：主管说："我等了你好久。"

原语气版：主管说："你知不知道我等了你多久？"

虽然两句意思相同，但情境氛围却截然不同。在说故事的时候，保留原始情境当然会让读者更有带入感。

要将形容改成动作与对白，其实也与有没有做好"素材搜集"的工作有关系，在为商品或品牌写故事的时候，如果可以事先搜集真实做过的动作、说过的话，这时它们就能成为很好的素材。

当然，这些动作、对白的选用，必须可以解读出人物心态或呈现冲突，放在故事中才会有意义。

我举个自己的例子，在还没有全职写作之前，我也在民营企业里当过小职员，那时候工作表现还算不错，主管也对我寄予厚望，可是我心中一直想要写作，深思熟虑后便向主管提了离职，主管劝了我几次，我还是决心要走。

我在会议室跟主管说："我想去做我一直想做的事。"

到最后主管无可奈何，也带了一点不悦的情绪，便冷冷地对我说："我祝你这一生，穷困潦倒，一事无成。"

穷困潦倒，一事无成。这八个字我想我会牢记一辈子。每每想起这位主管给我的"负向激励"，就会让我咬牙挺过难关，不愿被人看轻。

在故事中，如果能放进这种具有冲突或煽动情绪的原句，场景感会更加立体，有助于读者进入故事。

进阶做法：物件暗示

具体法的进阶是连“物件”都要具体，但这不是指让你写流水账，什么鸡毛蒜皮的小东西都写，而是让出现的每个对象都可以含有其他的意义。

电影《阿拉丁》主角是一名游手好闲的小混混，日常做的事肯定不太高尚、合法。在故事中，阿拉丁登场的第一个事件就是他偷了东西正被警卫追捕。

假设你是编剧，这个被阿拉丁偷的东西（对象），你觉得它应该是什么比较好呢？

如果阿拉丁偷的是钻石、珠宝项链，那我们会知道阿拉丁真的是一个贪钱的人。但电影中阿拉丁偷的却是一条面包。什么样的人会偷面包呢？当然是为生活所逼、走投无路的人。因此观众对阿拉丁的同情便油然而生。面包就暗示了阿拉丁的不得已，而非形象负面的小混混。

如果我们在故事中试着将对象写具体，同时还能带出暗示，就已经是大功一件。

再举个例子，假设我想写“爸爸开着他的车来参加我的大学毕业典礼”。这句当中的物件“车”若能写得具体一点，情境会有什么改变呢？

版本 A：爸爸开着他的保时捷来参加我的大学毕业典礼。

版本 B：爸爸开着他送肥料的小发财车来参加我的大学毕业典礼。

光是把车子写具体，读者对故事中的爸爸的想象就完全不同了。版本 A 的爸爸，下车应该意气风发，举止可能有些招摇。版本 B 的爸爸，可能会显得比较没有自信、扭扭捏捏，怕给儿女丢脸，但会诚恳跟儿女的同学和老师问好致谢。

什么人就用什么对象，对象可以反映人的生活、经历甚至性格。当你将对象写具体，并让它符合人物的身份处境时，即便不明说，对象也会起到暗示的作用，让读者感受到更多的潜在信息。

最后，如果可以让故事中的对象或动作成为一个情感意义的象征，会是更高招的做法，这一招我们在接下来的“情感”小节中再来说明。先记住本节的故事优化重点：

1. 将形容词改成具体动作，或用比喻写法。
2. 放入能读出心态或具有冲突的真实语气对白。
3. 让出现的对象能暗示人物的心态或处境。

故事中出现的形容词或模糊的叙述，就靠这三招化成具体画面！

13 故事优化六字魔法口诀（二）：情感

故事情感永远藏在对家人、朋友、同事、顾客的关注中。

许多想帮商品或品牌写故事的业主，都希望自己家的故事能够感动读者。如果这也是你对自己写的商用故事的希望，我想请你先问问自己，你有多少次读完别人的品牌故事被感动的经验？应该次数少之又少吧！

许多人进电影院连看催泪电影、煽情悲剧都不会感动悲伤了，想要路人看短短的品牌故事就心有感动，这会不会太强人所难了呢？

最常发生的情况总是这样，业主自己动手写了一篇品牌血泪故事，自己看了觉得超感动，但路人看了只会觉得："喔，我看完了。"一点感觉也没有。

这主要是因为我们没有亲身经历过业主奋斗的过程，他笔下的一句"咬牙撑过周转不灵"，对我们来说只是一个没有情感的中性信息，但对他来说却可能是当时日夜辗转难眠、食不下咽的深刻记忆。

所以，即便笔者胸口有激荡的情感，回想起来都会哭，但依然需要学习呈现的技巧，才能有效传递心中的感动。

人为什么会感动：哭泣三元素

你有没有想过为什么人类会哭泣呢？想要让读者感动，我们必须先知道人类会为了什么而哭泣。

这边我要自曝一段过去，在我读大学时，有一个同学推荐我看了一个电视剧——《仙剑奇侠传》，不知道他从哪里找到了全集可以看。

他将全集给我时，还小心翼翼地提醒我说："小心喔，最后会哭喔。"

我当时还不屑地说："不就是电视剧嘛，又不是没看过。"

但没想到看到第 50 集完结的时候，坚强如我也忍不住落下男儿泪，真的太感动了。

于是我也将它推荐给我的大学室友，同时我一直默默观察他的观看进度。当他看到最后一集时，我知道"要来了"，便默默退出了寝室，留给他一个独处空间。

大学宿舍的寝室门上都有一个小小的菱形窗，我就站在走廊上从小窗偷看他。果不其然，他也趴在桌上痛哭，肩膀不停颤抖。

虽然这段往事听起来有点好笑，但却可以让我们思考一个问题，当一部电视剧可以在同一个位置（最后一集），让三个少男观众全都感动哭泣，这绝对不会是巧合，肯定这里被埋了一个有效运作的哭点。

哭点本身是存在且可以控制的。

你也可以思考一下，你上次哭是什么时候，是为了什么原因呢?

如果能抓出自己的感动点，是不是也可以仿效复制呢?

在这里我帮你整理了三大哭泣元素，我用一个节目片段来解释这三个常见哭点。

日本有个综艺节目采访了一位76岁的秀夫老爷爷，问他说："如果有机会对18岁的自己喊话,想对18岁的自己说什么呢？"

秀夫老爷爷就对当年正要考大学的自己说：

"喂！秀夫，我是76岁的你啊。你会报考有名的东京都立与早稻田大学。我希望你好好学习，所以先告诉你结果……"

秀夫老爷爷一脸正经地继续说："你重考了两年，去了比较差的中央大学。"

语毕，综艺节目里的来宾哄堂大笑，秀夫老爷爷也太幽默了吧!

采访还没完，秀夫老爷爷还有第二段喊话，他想给24岁、正犹豫要不要求婚的自己鼓励。

"喂！秀夫，我是76岁的你，你怎么样？"秀夫老爷爷一样爽朗地问候。

"你会在公司里认识一个女孩，跟脸超小、超可爱的小华酱交往……因为你一向没有女人缘，所以怀疑自己是否配得上她，一直犹豫要不要求婚……心中有爱，就要马上行动啊！”秀夫老爷爷大声呼吁！

“因为……”老爷爷语调开始变缓，“两年后……小华酱……就会因病去世……”

节目来宾顿时吓了一跳，秀夫老爷爷的面容也变得哀伤，深呼吸了几口，才又开口继续说：

“你会无比后悔、极度悲伤，一直都忘不掉……所以，直到你76岁……依然独身、未曾娶妻……”

此时，节目里的来宾都瞪大了眼，难以置信。

秀夫老爷爷最后缓缓地说：

“所以秀夫……请替我转告亲爱的华酱……我整个人生当中……唯一最爱的女人……就是华酱，最喜欢的人……就是华酱……请一定要帮我告诉她……”

秀夫老爷爷说到这，节目里许多来宾已经频频拭泪、低声啜泣。

我尝试用文字还原当时的场面令人动容流泪，但我想感动程度可能仍不及亲眼看见的1/10。

这个片段之所以会让人想哭，就是因为它汇集了三大哭泣元素。

一、离别感

生离死别是人生一大难以忍受的事，一旦要跟所在乎的事物告别（死亡、失恋、毕业、分隔两地等），日后难以相见，都会令人心酸难受。

许多人看电影最无法忍受“牺牲”的桥段，牺牲就是放弃在意的某事物、成全另一个事物，譬如《泰坦尼克号》的杰克为了萝丝牺牲自己的生命，这也是离别感的延伸。

秀夫老爷爷就是因与他的爱人死别，思念却无法相见，令人难过。

二、悔憾感

离别感已然强大，再加上时间的催化，难过程度会再升级。

你有没有后悔的事或遗憾的事呢？当有一件事、有某个人你已经注定错过，也许有句没说出口的话想说，也许希望能再见那个人一面，但都已经无法做到了。这种“来不及”的感觉是第二种哭点炸弹。

我们常看到电影中某人转告女主角一段男主角的遗言，或者用书信让女主角读到男主角最后想说的话，这种“我有话想告诉你，你却再也无法收到”的“单向传递”也是悔憾感的延伸。

秀夫老爷爷则是请 24 岁的自己转告，他有多爱华酱，但我们都知道这是无法传达的，华酱再也无法听到与回应了，这时悔憾感就来到最高点。

三、逞强感

五月天有句歌词：“才发现笑着哭，最痛。”在戏剧中也常有种设计，明明是很难过的时候，却要笑着装作没事，这时观众会加倍揪心。

在电影《我的少女时代》中有个场景就是男主角徐太宇已经有些爱上了女主角林真心，但他还是将林真心笑着推给她爱慕的另一个男生。下一秒转身，徐太宇背对着林真心，他的表情瞬间从微笑变得悲伤，却不让林真心知道。这一个画面不知道让多少影迷心碎。当逞强让情绪有了反差，难过会加倍。

秀夫老爷爷在访问前半段还能自嘲大学考得烂，也把观众逗笑了，然而下一刻急转直下，离别感与悔憾感发威，让情绪先扬后抑，造成反差。我们也发现秀夫老爷爷的搞笑之下其实藏着悲伤的故事，故作坚强的人总让人加倍同情。

离别感、悔憾感、逞强感是我在构思感人故事时的切入点，也是前期访问、找数据的搜集方向。对此，你可以问问故事中的主角（受访者）：

1. 曾经失去什么在意的人、事、物呢?
2. 现在有什么后悔或遗憾吗?
3. 有什么明明难过却故作坚强的时候吗?

将这些素材写入故事中，就能让故事拥有感人元素了!

情感类型有哪些

感人故事通常会以一两种情感为主轴，情感类型大致有两个方向：

第一类，人际关系的情感：友情、爱情、亲情、师徒情、伙伴情、宠物情；

第二类，自我状态的情感：成就感、牺牲感、孤独感、自我价值感。

第一类皆是跟他人的联结。我们将它们与哭泣三元素相乘，可以变成这样的思考方向：

友情 ×离别感：有哪一个当年的好友死党，现在已无法相见的吗？

爱情 ×悔憾感：过往的爱情，有什么后悔与遗憾？现在有希望补救吗？

亲情 ×逞强感：有什么明明难过，却为了家人故作坚强、不让家人知道的时候吗？

第一类人际关系的情感比较直接好懂，只要读者或观众有家人、有好友、恋爱过，就容易被这一类型的情感打动。相较之下，第二类则是专注自我状态的情感。

成就感：主角历经种种苦难，攻克难关，终于达成目标。

牺牲感：主角为了达成目标，牺牲自身事物，如果是为了公益就会更崇高。

孤独感：觉得在世界上不被任何人理解或与他人没有联结，空虚迷惘。

自我价值感：确定了自身存在的价值，对自我存在感到有意义。

有些自我状态的情感，如果读者、观众没有类似的经历或心境体会，不会那么容易引起共鸣，所以在叙事上特别需要一个“有感的情境”。要让受众看到情境时，能够体会到“啊，我也曾经有这样过”！

我举个广告的例子来说明“孤独感”。

在故事中，老婆在家做好晚餐，等着老公下班。老公到家后却不上楼，自己一个人坐在车子里，什么也不做，只是静静待着。这时字幕浮现：

上班当员工，下班当老公，偶尔也想当当自己。

这种不被理解、渴望做自己的感觉，虽然不至于让人感动流泪，但对于有类似处境或心境的老公，会有种“嗯，你懂我”的感觉，顿时对故事产生好感。

在写完故事草稿后，应该看一下，故事主打的情感类型是什么，再由此联结哭泣三元素，这也关系到故事能打动什么样的受众。

如果你想打安全牌，人际关系的情感是最容易让群众有感的。万一真的想不到，就优先从“父母”入手吧，至少这是多数人皆有的人际联结。

情感象征的使用

还记得第 12 节“具体法”中我们提到用“对象”来暗示信息吗？在写作中有个“象征”手法，就是**让对象成为情感的代表物。**

例如，小时候爸爸为了奖励你，买了一支钢笔给你。多年之后，你长大成人，爸爸却已经不在了。当你看到了这支钢笔，你就会想起爸爸对你的好，这就是让“笔”成为“爸爸对儿子关爱”的象征。

在品牌故事或商品故事中，难免会想要塞进自家的商品，如果可以将自家商品变成故事中的象征物，商品的出现就不会那么突兀了。

在这里我要**分享一个象征物运用的私房小技巧，那就是让象征物出现“两次”**。

第一次的出现是轻描淡写地提到，第二次的出现却会让人感谢或想念起某人。

我用擅长拍摄感人广告的“东京瓦斯”为例。因为“瓦斯”是一个很难呈现的商品，所以东京瓦斯都会将“瓦斯”与“烹饪”联结，把被烹饪的食材当成故事中的象征。

东京瓦斯有一则“留学女孩篇”的故事是这样设计象征的：

第一次出现：吵吵闹闹却默契十足的一家人，妈妈在群组里问了晚餐要吃什么，爸爸说要牛排，弟弟说要汉堡，姐姐说要可乐饼，同时姐姐眼睛盯着一张海外留学招募的海报。最后妈妈却煮了泡菜锅。

中间的铺垫：接着剧情穿插一些家人相处的小细节，像弟弟怪妈妈没有叫他起床，爸爸像个孩子一样挣扎着想买模型，全家人接力唱着同一首歌，有时温馨，有时好笑。

第二次感念：影片最后，姐姐接获了海外留学的录取通知，在出发前一晚，妈妈一边炸着可乐饼一边哭泣。姐姐在餐桌上吃了一口可乐饼，一边说着“很好吃喔”，一边流下眼泪。可乐饼就是本故事中的母女亲情象征。

东京瓦斯另有一则“吃鱼男孩篇”的故事是这样设计象征的：

第一次出现：主角从小跟祖母住在一起，长大了离开家到外地工作。与主管吃饭时，主管忍不住夸奖主角说：“你把鱼吃得很干净很漂亮呢！”主角忍不住回想起，从小祖母在其他方面对自己都很慈祥，唯有对鱼的吃法特别严格，必须只剩一条干净的鱼骨。

中间的铺垫：接着剧情穿插主角小时候成长的经历，第一次打架的晚上，吃着祖母煮的鱼；第一次收到情书的晚上，吃着祖母煮的鱼；他也曾经嫌祖母煮的菜太老套，让他在朋友面前丢脸，因而对祖母发脾气。

第二次感念：影片最后，主角放假回老家看祖母，祖母依旧煮了鱼。吃饭时，主角忍不住向祖母说：“那时候……对不起。”为当年的不懂事道歉，而祖母只是微笑不说话。感动想哭的主角只好低头猛吃饭掩饰，将桌上的鱼吃得干干净净，只剩一条鱼骨，一如祖母从小的教导。干净的鱼骨就是本故事中祖孙亲情的象征。

从这两个范例可以发现，**感动的制造是有固定技巧的。在故事中常常是“不说白”的比较美，运用象征物就是让情意不要说白，体现不说破的美好。**

留学女孩出国前，不用大喊爸妈我爱你，只要静静吃着母亲为她准备的、她最爱的可乐饼，说声“很好吃喔”，家人的深厚情感已经不言而喻。

吃鱼男孩道歉后，祖母不必回应，男孩也不必说“祖母我爱你”，只要低头将鱼吃成从小祖母教的干净样子，祖孙多年的情感也就浓缩在了一盘干净的鱼骨中。

在故事草稿完成后，可以尝试往里面放入一个象征物，并依照下列设计法：

1. **第一次出现**：轻描淡写露出象征物，成为伏笔。

2. **中间的铺垫**：放入更多有情感的具体事件。

3. **第二次感念**：让象征物再次出现，且此对象能看出某人情意，用对象代替说白。

这样可以让故事中的情感通过对象来传达，让故事具备一些美感。

再帮你复习一下本篇优化故事的情感魔法。

1. 搜集离别、悔憾、逞强这三个哭泣元素的素材并加以运用。

2. 故事主打一个情感类型，再与哭泣三元素结合（建议优先使用亲情）。

3. 让商品成为情感象征，设计两次出现，中间铺垫。

故事中的情感要动人，关键在“好的素材”与“挖掘细节”。以下是一句老话，但还是想提醒你：别忘了对身边的家人、朋友、同事甚至顾客的关注，故事情感永远藏在这里面。

14 故事优化六字魔法口诀（三）：简单

将难懂的信息用一个“熟悉的事物”来模拟简化。

好故事应该让多数人可以轻易理解，不好懂的故事又怎么能有感且传播呢？

当我们进行故事改稿时，一大要务就是将故事简单化。

基础做法：简化信息

苹果计算机创办人乔布斯当年在发表 iPod（音乐 MP3 随身听）这项新商品时，他是怎么介绍 iPod 的呢？

我先举两项 iPod 的规格数据：“容量 5GB”“重量 6.5 盎司（约 184 克）”。现在你对 iPod 这个可以随身听音乐的新商品有多少了解了呢？应该还是相当模糊，不会留下什么印象吧！

容量 5GB 其实真的不算太多，不能装多少文件。重量 6.5 盎司虽然不重，但到底是一个怎么样的概念，好像一般人也说不太清楚。

因此，乔布斯当然不可能用硬邦邦的数据来介绍 iPod，他只主打一句话：

iPod 就是口袋里的 1000 首歌。

你不用在意它多大、多重，你只需要知道 iPod 可以让你将 1000 首歌放进你的牛仔裤口袋，轻松带着走。经过乔布斯这样一定义，一个划时代的热销商品就诞生了。

在说故事的时候，要格外注意术语的生活化，遇到数据、专有名词、生硬介绍的时候，可以思考一个句型：

××× 就是 / 等于 ×××。

你听过“大脑前额叶皮质”吗？你知道它有什么重要功能吗？我们都不是脑专家，应该都不太熟悉。没关系，我试着向你解释一下。

大脑的前额叶皮质，主要负责人类的逻辑思考，它包括行动前的规划、思量行动的后果，以及管理情绪的冲动。前额叶皮质是大脑中发育最慢、成熟最晚的额叶。对青少年来说，这个自我监督中枢依旧在发育当中，所以理性思考及抑制冲动的功能不够灵光，无法发挥足够的作用。

相信经过我这么一解释，你应该对“大脑前额叶皮质”有了足够的认识，能记得一辈子了吧？嗯……才怪！你一定过 5 分钟就忘了我刚刚讲的话。这时候就是运用“××× 就是 / 等于 ×××”这个句型的时候了。我可以这样简化解释：

大脑如果是一辆汽车，前额叶就是它的刹车系统。然而前额叶还没成熟的青少年，就像马力十足的法拉利，却只搭配了自行车的刹车系统。

这样简化之后，你是不是对前额叶的功能与印象就深刻多了呢？

这招其实就是“比喻法”，将难懂的信息用一个“熟悉的事物”来模拟简化，让人人都能轻松有个大概的了解。

越是专业的人士，越常会把自己每天接触的专业知识，误判成生活常识随口讲述。除了使用“比喻”，还可以将专业知识改用“生活情境”呈现。

我举一个工作上的例子，我有时会辅导一些专家发展个人品牌，这免不了要请专家写一些文章，其中一位“食安专家”就在他的文章中这样写：

……像是常见的李斯特菌。

当我看到这句的时候，第一想法是，李斯特不是音乐家吗？怎么变成菌了？而且文章中说李斯特菌是“常见”的，但我一点感觉都没有啊。因此在讨论了解后，这句被修改为：

……像是常见于便当中的李斯特菌。

我们尽量用最简易的方式，做到让陌生词汇可以化作生活情境，让读者知道所说的这个菌经常出现在我们久放的便当之中，使其理解上更生动一些。同一篇文章又有一句是这样写的：

……（某菌）在食物中繁殖达到100万个时就会引起下痢。

100万个菌虽然听起来很多，但却让人难以想象与生活的关联，不好理解。最后这句被改成：

……（某菌）在常温下繁殖两小时就会引起下痢。

将“100万个”改为“放在常温下两小时”，就变成连婆婆、妈妈都能懂的生活情境，内容也不会艰涩难读了。

进阶做法：修改情节

故事写完难免要经过一些修改润色，除了字句改得贴切、文法改得通顺，常被忽略的一点就是“情节的修改”。

必须先有一个观念，那就是不是所有的情节都需要写进故事中。有时商品或品牌故事是采访过当事人后写下的，有时是作者写了自己的故事。

这时可能会有不少情节可以写入，但必须做素材的取舍。在编写故事的时候，我们要思考什么情节对于故事观感是加分的，什么是扣分的。

举一个好懂的例子，我曾经听一个上班族朋友得意地说，他半年前买了一只股票，已经帮他赚了两万元，他靠投资自己帮自己加薪了！这听起来还不错对吧？

但接着我问他：“你的报酬率是多少呢？（赚了几个百分点）”他一番迂回后，才支支吾吾地说赚了大约2%。我们思考一下这两个说法。

A. 我买的股票帮我赚了两万元。

B. 我买的股票涨了 2%。

如果是为了炫耀，站在直觉好懂的立场，讲“两万元”似乎是恰当的选择。如果将“2%”也讲出来，似乎就没有那么厉害了，也有损想要炫耀的感觉。

当我们设定了目的是“炫耀”，就可以判断什么信息有利于目的、什么不利于目的。这就是修改情节的任务，剪掉有损目的的噪声，留下能达到目的的信息。

当故事草稿完成后，别忘了重新聚焦你写这篇故事的目的是什么，接着将情节拆成一段一段地思考，这一段情节有助于达成目的吗？这一段情节保留的目的是什么呢？

我们看一段品牌故事范例。

云林蜂农老李，20 年来固定在早上五点起床，起床后的第一件事就是去巡视自己的蜂箱，20 年如一日，养蜂人没有双休日，因为蜜蜂也不会休假……养蜂最怕遇到干旱，龙眼花不开，蜂采不到蜜，一整年的用心就会血本无归……雄蜂不参与生产工作，且消耗饲料又多，一般养蜂人家是不欢迎的……最后，老李腼腆笑说，他只知道用心做好蜂蜜，一辈子只懂这件事。

假设这段文字是我们要修改的故事，首先我们要思考，写这篇故事的目的是什么？希望达到什么效果？我们先设定是为了“让读者对品牌留下好印象”，接着一段段来拆解信息，思考有没有达到这个目的。可以将这段话分成以下四段：

1. 老李 20 年来固定在早上五点起床……因为蜜蜂也不会休假。

2. 养蜂最怕遇到干旱……一整年的用心就会血本无归。

3. 雄蜂不参与生产工作……一般养蜂人家是不欢迎的。

4. 最后老李腼腆笑说……一辈子只懂这件事。

第一段呈现了蜂农的勤苦与用心，能增加品牌好感。

第二段讲述了饲养的辛苦，产出的困难，让产品更显珍贵，也能增加品牌好感。

第三段是雄蜂信息，虽然有让读者知道蜜蜂的知识，却与品牌好感无关。

第四段呈现蜂农的老实与信念，成为品牌精神，也能增加品牌好感。

在修改情节的时候，第三段就是可以删除的情节。将它留下虽然没有什么危害，但对读者观众有限的注意力来说，放了一个没有加分的信息，占用了珍贵的注意力与版面，就是一种浪费。

懂得将不重要的信息拿掉，重要的信息才会被突显。勇敢删掉已经写上去的内容，就是修改的任务。最后帮你复习一下“简单”这个优化魔法。

1. 将术语比喻，××× 就是 / 等于 ×××。

2. 将抽象难懂的说明改为生活情境的呈现。

3. 将无助于达到作品目的的情节删去。

“作品目的”也可以扩展到全文的修改润色，思考什么样的用字遣词可以帮助我们达到目的。只要将“作品目的”放在心中，字、词、句的修改、润色、取舍也会变得明确起来！

15 故事优化六字魔法口诀（四）：意外

先震撼，再记忆，进而传播。

意外是故事里的一颗炸弹。

如果你成功让读者觉得出乎意料，却又在情理之中，他们会惊讶、惊喜、惊叹，然后下一个自然反应就是“留下强烈印象”。

你应该也有过这样的经验，在看完一部电影之后，可能过了几年，你对剧中的剧情大多已淡忘，但你却能清楚地说出结尾的“哏或爆点”。

这不是因为你有什么特异功能，而只是因为人脑为节省资源，会自动淡忘无聊的事，选择记住有意思的事，所以“惊人的转折”总是容易被人记住。

我讲一个自己的经验。

我小时候回老家过年，大约是小学三年级或四年级，那时刚好待到元宵节，附近的大庙举办了猜灯谜活动，我也参加了。

所有题目我都忘了，有一题我却一直记着，谜题是“一点一横长，一撇到南洋；南洋有个人，只有一寸长（猜一字）”。

看完题目你知道答案了吗？可能你心中已经浮现那个字了。当年的我也是。听到第三句我就知道了答案——“府”。我立刻抢先举手，怕被人抢答。念题目的阿姨目测超过50岁，身份应该是庙宇的志工。我被点到之后，充满自信地说：“府！”但没想到阿姨看了看手中的答案，再看看我，对着我说：“错！”我愣住了，因为答案明明就是“府”啊，难道还有其他可能？你现在也跟我一样惊讶吗？你的答案是不是也跟我一样被否了呢？

静思几秒后，我猜可能是我刚刚没说清楚让她误会了，我再度举手，答案没变：“府！政府的府。”希望这次能让她听懂。

她还是看了看我，大喊一声：“错！”

这个问题最后没人答得出来，就流掉了。整个活动进行完，等到阿姨下台，我马上去找她，希望她给我看答案。

她勉为其难地从一叠纸卡中翻出那个题卡，我定眼一看，“解答”两个字下写着“庙”。

庙？怎么想都不可能是庙啊！“庙”我知道啊，是“府”的变化题，题目我还会背哩：“一点一横长，一撇到南洋；十字对十字，太阳对月亮。”[1]这才是庙啊！

究竟为什么是“庙”而不是“府”呢？至今这是我生命中难解的谜团，跨越了20年还牢记在我的脑海中。

这就是意外，即便我没有刻意记它，但它对我当时的震撼太

① 庙的繁体字为“廟”。

强了，让我想忘也忘不了。

更重要的是，我还把这事说出来让你知道，我去讲课也会一时兴起又拿出来讲，不断传播这件事。

这便是意外的功效："先震撼，再记忆，进而传播。"但要怎么做到呢？我可以归纳一个公式。

意外＝误导＋转弯

在故事中，我们要先设计"误导阶段"，最后再端出"转弯阶段"。用刚刚的猜谜经历来说：

误导阶段：题目让读者联想到"府"。

转弯阶段：最后答案公布却是"庙"。

在长篇故事中也是同样的设计，我们以《哈利·波特》第一集为例：

误导阶段：让读者认定斯内普是大坏蛋，因为他一直危害哈利。

转弯阶段：斯内普看似攻击的行为其实是在保护哈利，坏蛋另有其人。

像这类"误导＋转弯"的设计，心法都是"欲左先往右"。创作者明明知道答案或真相是什么，在故事前期却故意往相反方向设计。

当转弯后的真相与前期的误导形成落差后，故事张力也会增强。例如：

误导阶段：从小到大，我的阿爸一直不喜欢我，我一做错事，他总是狠狠打我。

转弯阶段：长大后我才知道，他也不知道怎么当一个好爸爸，他只会用笨拙的方式表达对我的关心，把我教成一个堂堂正正的人。

因此在搜集故事素材时，你可以问问故事中的当事人，有没有曾经误会别人或被别人误会的经历。**误会本身就是“误导＋转弯”的集合**。从意外还可以联结到一个公式：

惊喜＝熟悉＋意外

当我们从熟悉的事物身上发现它意想不到的一面，就会觉得格外有趣。

我举个例子，你知道第一个登上月球的航天员是谁吗？很多人都会说出“阿姆斯特朗”。好，那请问你知道第二个登上月球的航天员是谁吗？这时大多数的人就被难倒了，没有人会记得谁是第二名。

我先公布答案，第二位登月的航天员叫“巴斯·奥尔德林”，他当时就跟阿姆斯特朗在同一艘登月飞船上，他只是比阿姆斯特朗晚一步踏出飞船，从此就少被后人记忆。

但相较于阿姆斯特朗退休后的低调生活，巴斯结束登月之后依然热衷推广太空科普教育，86 岁时还成功勇闯南极，生活更是多姿多彩。

而动画电影《玩具总动员》为了向这位伟大的航天员致敬，将故事中主角之一命名为“巴斯光年”。

当我们熟悉的《玩具总动员》的巴斯光年出现了一个意外的

16 故事优化六字魔法口诀（五）：机制

看穿成功故事是由哪些要素组成的，依样套用，打造自己的成功故事。

一开始看到“机制”，许多人都会一头雾水，**“机制”是指特定现象的内在组织和运行的变化规律。**你可曾想过，为什么有的故事就是可以吸引人呢？为什么有些好莱坞知名电影公司不管拍什么题材几乎都可以卖出高票房呢？

一次的成功我们可以归功于幸运，但如果十次出手有九次成功，背后肯定就藏有技术了！

同理，多数成功的知名故事，背后肯定有什么模式在默默运作，它们都共同做对了某些事。反过来说，如果我们可以看穿成功故事是由哪些要素组成的，我们就可以依样套用，打造自己的成功故事。

还记得在第 10 节讲“总结故事流程”中的“常、境、变”时，我请你先跳过的“反常”吗？它就在这里补上。我整理了 10 个故事吸引人的方法，每一个机制都会提供一个真实案例（或标题）与思考方向，协助你打造故事的反常开头。

运用这 10 个机制，连标题都能变得超吸睛。提醒你，下文中所称的“故事主角”，可以是真人，也可以是商品或品牌。

两难：无法抉择的艰难局面

如果生下孩子的代价，是必须永远失明，你愿意吗？

这是我在采访工作中遇到的真实案例。我采访的视障音乐家李欣怡，当年就是因为怀孕必须停用治疗青光眼的药物，医生警告她停药这么长时间，会导致永久失明，但她还是毅然决然地选择生下孩子。

“两难法”就是先点出当事人面临难以抉择的局面，带动读者、观众思考该怎么选，将他们拉入故事中。

思考方向：在故事中主角有什么面临的左右为难的选择吗？

矛盾：自身的生理／心理存在阻碍

双手残障小一女，勇夺全美字迹最优奖。

这是一个真实的新闻标题。写字最美的字迹奖，我们都认为需要一双灵巧的双手才能办到，但故事中的小学一年级女孩却偏人的长相，但已经先有了一个概略的想象，而且是一个正面有好感的想象。

“借用法”同样是借“熟悉物”搭桥，快速引起好奇。比起用一堆形容词说女生多美多漂亮，借用一个知名美女的形象更能快速拉近距离。比如，我希望成为农业界的乔布斯，该品牌被誉为台湾的可口可乐，我要打造餐饮界的LV，这是红豆饼界的劳斯莱斯。

思考方向：故事主角与哪个名人、名牌的信念、价值观最契合？

切身：切身相关的信息话题

看完这本书，台湾地区又多了36个人罹患癌症。

台湾地区的健康部门每年都会公布“癌症时钟”，最新资料为4分58秒，表示在台湾地区每4分58秒就有一个人罹患癌症。这个数字最可怕之处在于，它跟你我有关，你我将来都有机会变成下一个，这也是社群上疾病相关的信息最容易疯传的原因。同样的道理，你有没有在脸书上玩过心理测验，就像“测测看你是迪士尼的哪位公主”。明明你也没有很想当公主，但就是会忍不住手痒玩一下。

“切身法”就是利用人往往最在意跟自己有关的事物，一旦看到内容可能跟自己有关，就会有更大的兴趣去了解。比如，火象星座一定要准备的退火茶，男人应该要有的行车新观念，每三个人就有一个人犯这个错，每两天就有一个人因此 × ×。要用这招应该尽量锁定人数多的群体，而非小众。

思考方向：故事主角的特性可否与某多数群体关联？

奇观：前所未见或唯一、第一

最大粽子创金氏纪录，万人吃粽庆祝。

你就算不吃粽子，也一定看过粽子吧！但是你看过全世界最大的粽子吗？光是这一个“全世界最 × ×”就足以勾起你的好奇心了吧！

“奇观法”就是运用“罕见”的特点，用“最什么、第一什么、唯一什么、前所未见、从来没有人”等说法来吸引目光与好奇。比如，他是 20 年来的第一人，从来没看过车子可以这样开，网络团购第一名的奶冻卷，前所未见的扫地机器人。

如果担心自己的商品没有罕见的特点，可以尝试“缩小范围”或“小处称王”。比如，如果不敢自称是“台湾地区最值得一游的观光果园”，可以缩小范围成“苗栗地区最值得一游的观光草莓园”，也可以说是“台湾地区唯一首创草莓便当的观光果园”，以小地方取胜。

思考方向：故事主角是否能找出前所未见、世上仅有的特点？

金句要对抗

你有没有好奇过，为什么有些句子短短的，但读完就是有一点点感动？不是因为句子里面加了洋葱，而是句子里面加入了“悲壮”。

但要怎么加入悲壮呢？一旦我们尝试要去对抗强大的、多数的、不可逆的对象，甚至愿意为此牺牲、付出代价，我们身上的壮士感就浮现了。同样，我们可以看一些知名金句范例。

1. 孟子：虽千万人吾往矣。（以自身一人对抗千万人）

2. 帕特里克·亨利：不自由，毋宁死。（为了自由牺牲生命）

3. 孔子：朝闻道，夕死可矣。（为了真理牺牲生命）

4. 伏尔泰：我不同意你的观点，但我誓死捍卫你说话的权利。（为了言论自由牺牲生命，且“不同意”与“誓死捍卫”也是对比）

5. 村上春树：在高大坚硬的墙和鸡蛋之间，我永远站在鸡蛋那方。（以鸡蛋对抗高墙，且鸡蛋易碎暗示牺牲生命，“鸡蛋”与“高墙”也是对比）

你应该也发现了，好像金句只要牵涉“牺牲生命”就立刻变得伟大。这也没办法，对一般人来说，最重要的就是生命了，当我连生命都可以不要，也要做到某件事，这件事自然会被放大得无限重要。

对抗设计上可以有两个技巧：

加入“代价”词汇：誓死、拼命、发誓、宁可、只为了、比不上；

加入“一人”与多数词汇：全世界、所有人、一辈子、一切、

这一生。

将这两个技巧与“对比法”兼用，可以创造大量气势感人的金句。

- 这一生，只为了种好一棵苹果。
- 我们拼上了命，只为了守护您的权益。
- 宁可被全世界嘲笑，也要换您一个微笑。
- 就算拥有一切，也比不上有家人陪在身边。

以上词汇是为了让你方便套用，但只要能达成“悲壮感”，并不是只能用这些词汇。回头看看那句“不在乎天长地久，只在乎曾经拥有”，是不是也有种“只求朝夕，不求永久”的悲壮感呢？

“金句对对对”还有最后一个“对”，它其实前面已经出现好多次了。

金句要对句

只要让两个句子字数相同，读来自然会有一种节奏感。如果可以尽量让句子内的词性也相同，或者使用类似字词，甚至押个韵，读起来会更工整好记。比如，心存善念，尽力而为。这两句虽然没有使用相同词性、类似字词、押韵，但因为字数相同，读起来还是让人觉得节奏明快。

辩论节目《奇葩说》里的辩手，也常常在演说中加入成对的句子，念起来气势奔放，强化听众记忆点。

1. 别人的美总能习惯，自己的美千金难换。（别人的美与自

5. 机制：套用 10 个反常机制，改写标题或首段引发好奇。两难 / 矛盾 / 突兀 / 悲剧 / 借用 / 切身 / 奇观 / 夸张 / 留白 / 揭秘，打造开头。

6. 金句：对比词制造冲突，对抗与牺牲制造悲壮，相同字押韵制造节奏。

以上这六点，每一点都需要花时间思考。当你在修改草稿时，正犹豫要改还是不改、要加还是不加、要删还是不删时，请记住我们写故事做营销的任务是什么。

我们要通过故事，为商品附加正向心理价值。

所有犹豫的最终考虑，永远都是这个改动能不能增加正向心理价值。这就是唯一的准则。

18 不说故事的魔法

借标签，贴标签，是最好的做法。

还记得我在第 1 节“故事营销到底在做什么”中提到的一个问题——“不说故事”怎么做故事营销吗？现在我就告诉你这个最实用也最好用的做法：“借标签，贴标签。”请你先读这句话：

我的朋友最爱喝星巴克。

现在，请你告诉我，你觉得我的朋友是一个怎么样的人？他的个性怎么样？他的收入怎么样？他的学历怎么样？他的工作是什么？他的兴趣是什么？

这个实验我做过很多次，得出来的朋友形象非常雷同，有人说比较有品位、重视生活，是办公室的白领上班族，收入应该不错，平时喜欢逛逛诚品书店。

其实会得出这样的形象是非常正常的，如果你心中的答案跟前面的形象有很大的落差，那表示星巴克没有成功给你洗脑。以上就是星巴克设定的主力受众，所以整个品牌形象都会往这个受众靠近。

光是一句“我的朋友最爱喝星巴克”，我就已经为我的朋友完成了一次迷你故事营销，从星巴克借标签，贴在我的朋友身上，为我的朋友附加了心理价值。

2009 年英国奥美集团副总监罗里·萨瑟兰，在当年的 TED① 演说中，也举了两个很棒的借标签的例子。我先讲第一个故事：

18 世纪，普鲁士的腓特烈国王遇到了一个大难题，那就是国内饥荒问题严重，小麦常常歉收。腓特烈国王想要民众栽种另一种主食——马铃薯，当时还没有吃马铃薯的习惯，所以民众一点也不领情，还称马铃薯是连狗都不吃的东西。

无论腓特烈国王怎么下令，民众就是不吃，宁可违法也不种。腓特烈国王还因此砍了几个抗命者的头，但依然无法改变形势，越是严令，民众越是反弹。

最后腓特烈国王灵机一动，决定逆向操作，他改为宣布“民众禁种马铃薯，马铃薯是皇家专属食物”，他还设了一个马铃薯农场，并指派军队看守农场，保卫马铃薯不得流入民间。另一方面腓特烈国王偷偷告诉军队，记得放点水，不要守得太严。

① Technology，Entertainment，Design 在英语中的缩写，即技术、娱乐、设计。是美国的一家私有非营利机构，该机构以它组织的 TED 大会著称，这个会议的宗旨是“值得传播的创意”。

当时的民众虽然对马铃薯还不了解，但他们却知道一个真理："值得看守的东西，一定也值得偷。"就在军队的"配合"下，一个、两个马铃薯被偷了出来，偷偷品尝，民众这时才发现，天啊！马铃薯原来是这么好吃的东西，难怪是皇家食物，以前怎么不觉得！于是民众开始争相私种，从此马铃薯就在普鲁士成功推广开来，解决了长久的饥荒问题。

腓特烈国王的做法就是给马铃薯戴上了皇冠，为它附加了正向心理价值，所以明明是一样的东西，民众才会吃出新的皇家级美味。

说到这，我猜有些人可能早就想问了，我一直在说故事营销是在为商品附加正向心理价值，那我们可不可以改为附加负面心理价值呢？

当然可以，如果你是要打击抹黑对手，那就是贴坏标签的时候了。这也是我要讲的第二个故事。

被誉为土耳其之父的凯末尔，也有一则逸事。1922年他上任总统，一直希望能提升土耳其妇女的地位，他的第一个目标就是让普遍信奉伊斯兰教的妇女摘下黑面纱。

同样地，他一开始也是采取法律手段明文禁止女性戴面纱，也同样没有显著的效果。他想了想，既然禁戴没有用，那就反向操作，逼她们戴好了，但不是所有的女性。凯末尔下令从今日起，所有土耳其"从事特种行业的女子"都要戴上黑面纱识别。

此招一出，没多久，女性为了避免遭到异样眼光，纷纷自动自发拿下黑面纱。这也成了凯末尔提升女权的第一步。

凯末尔的做法就是将黑面纱贴上了一个“特种行业”的坏标签，原来戴头纱的女性怕被人误会，无形中玷污了自身的形象。于是，本来好好的头纱，自然就越看越不顺眼了！

这两个案例清楚地说明了借标签、贴标签的威力，我不用跟你说故事，也可以改变你对事物的观感。

因此**当你没有篇幅说故事的时候，借标签、贴标签就是你该做的事。**重点来了，一个好的标签能决定大部分心理价值的成效，我们可以从哪里借到标签呢？

标签常见的四大来源

向真人借标签

你有没有想过为什么会有“代言人”这种产物？他们的功用是什么呢？

当HTC手机请五月天代言时，它是向五月天借了年轻、追梦、勇敢的标签。

当宏佳腾机车请周杰伦代言时，它是向周杰伦借了又酷又拽的标签。

当维骨力请吴念真代言时，它是向吴念真借了实在、可信赖的标签。

一些新艺人出道时，也常被贴标签，比如，小林志玲、女周杰伦、张学友接班人，等等，都是向我们熟知的真人借标签。

向名牌借标签

除了向真人借标签，我再讲一个真实的经历，我常常讲课，有时难免声音沙哑，这时一位当高中老师的朋友就向我推荐了一款喉糖，还送我一盒试吃，我当时还说：“喉糖？我自己也在吃啊。”但他却说：**“这不一样，这是喉糖界的 LV。”**

本来只是一颗平凡的喉糖，吃下之后我仿佛觉得全身都舒畅了起来，只因为它被贴上了一个 LV 的标签。

无独有偶，还有一次开课单位帮我准备了便当，还特别悄悄跟我说：“老师，**这家便当有个称号，叫便当界的劳斯莱斯。”**

我发誓，当天是我人生中“端详一个便当，品尝其中的滋味”最认真的一次。

除了真人之外，还可以向大众心中有普遍印象的品牌精品借标签。

向古人或角色借标签

既然非人都可以借了，那古人、戏剧角色只要广为人知，同样可以借标签。

许多补习班都会主打让你的孩子成为小贝多芬、小爱因斯坦、小牛顿，这也是借标签。

曾经有个麦当劳的平面广告，模仿了蝙蝠侠的桥段。电影中，想要召唤蝙蝠侠，就必须向天空打一盏有“蝙蝠形状”的探照灯，蝙蝠侠就会出来摆平坏人。

麦当劳则是将这盏灯的形状改为自己的“M”字商标，将自己贴上了一个蝙蝠侠的标签，暗示麦当劳每天24小时都会拯救你饥饿的肚子。

还有一个戒烟的平面广告，因为烟头是黑色，烟身是白色，他们便用了上万支香烟拼出一幅黑白人像画，这个人像就是“希特勒”。向希特勒借标签，暗示抽烟会害死很多人。

由此可知，当你想塑造正面形象，就向英雄借标签；当你想打击某事物，就给它贴上一个恶名昭彰人物的标签。另外你发现了吗？我的脸书粉丝专页“小说界的李洛克”也是一个标签喔！

向事物普遍印象借标签

最后一个方便借的标签，就是一般的事物，只要它带有的特定形象是你想借的，都可以运用。比如，你对“摇滚乐”的感觉是什么？是不是年轻、热血、刺激、冒险、酷帅？如果你想将某产品贴上这些标签，你可以这样说：

“可口可乐就是曲线瓶里的摇滚乐。”

之前网络上有张疯传的照片，是一个白发老奶奶在卖橘子，旁边的纸板上写的不是价钱，而是：

甜过初恋。

初恋的美好总让人怀念，而这橘子比初恋还甜，这位老奶奶马上被奉为文案神手，其实她不过是用了借标签的技巧。

越是抽象难以形容的事物，用借标签的方式就越好让大众快速了解，比如，选举时，有两位候选人同时向“水”借了标签。

一位不断主打说：“我只有一瓶矿泉水打选战。”除了说自己没有后援，也暗示他就像矿泉水一样干净、清白、亲民。

另一位则喊出一句口号：“我就像水一样，虽然无趣，但是有用。”虽然也借了水“平淡无味”的坏标签，但反而强化了水的好标签“实用而且必需”。

当然，无论选举或销售，标签只是用最短时间加深印象，让事物的本质有机会被了解。借了标签，别忘了还要说到做到啊！

说故事成为一个大标签

说了这么多例子，你应该知道借标签、贴标签有多么好用了。而故事营销为商品说一个故事，你也可以将故事当成一个巨大的标签，一个我们编写出来的独创标签。

我心中认为最会做故事营销的，就是日本的媒体了。他们不只会说故事，还能为故事精准下标、封号、浓缩口号，让封号可以抛下故事独立飞翔，来看下面这个例子。

日本有一位木村秋则老爷爷，因为执行不施肥、不洒农药的自然农法，花了整整 11 年才成功让苹果树开花结果，也让苹果有了独特的风味，号称放两年都不会坏。

有人形容木村的苹果说：“当吃了一口之后，全身细胞因为吃到了好东西而感到喜悦。”有上千人写信给他说：“希望可以吃到木村先生的苹果，哪怕只有一次都好。”他种的苹果被日本媒体称为“奇迹苹果”。

以上故事就是一个大标签，贴在了苹果身上，再浓缩成“奇迹”两个字。你一定也很想试试全身细胞都喜悦的感觉吧！我们再看一个例子。

日本一位 86 岁的村嶋孟老爷爷，在大阪经营大众食堂，一煮就是 50 多年，他以“古法”煮饭，从选米、淘米到煮米，一锅饭要花上 15 个小时，也让他煮出的饭有“银饭”之称，吃过的人忍不住赞叹：“他煮的饭有灵魂。”他本人也被日本媒体封为“煮饭仙人”。

以上的故事同样是一个大标签，最后浓缩成了“仙人”两个字。想一想，仙人愿意煮饭给我吃，一碗饭就算比外面贵三倍也超级值得啊！

在欧美企业中，在我心中的故事营销冠军是苹果电脑创始人乔布斯。在《乔布斯传》中收录了一个这样的故事：

乔布斯曾经看着电脑中的电路板对工程师说：“零件看起来很漂亮，但是你们看看那些内存芯片，线画得太近，所以挤成这个样子，实在丑死了。”有个新来的工程师说道：“那有什么关系，只要跑得顺就好了，谁会去盯着计算机电路板？”

乔布斯说：“即使电路板藏在计算机里，我还是要电路板尽可能漂亮。一个好的木工在钉橱子的时候，会用一块烂木头来做背板吗？”

你想想，一般人听到这个故事会怎么想？一台连看不到的地方都这么讲究的计算机，其他地方肯定也做到了顶尖，这计算机绝对值得买！

事实上，苹果计算机有太多像这样的故事，比如，Apple Watch 手表屏幕默认的“花朵”封面照，当初就宣称摄影团队拍了 24000 张照片，才得到最好的一张。

你也可以想想，无论是《乔布斯传》中的对话，还是为了一张花朵照片拍 24000 次，你觉得这些故事是真的吗？还是其实是一场精心设计的故事营销，宣传苹果计算机对细节的讲究呢？

话说回来，将“借标签，贴标签”写在本章之中，也是因为当你在修改润色故事时，同样可以思考“标签”这个概念，通过故事，你想将什么价值与想象贴在商品身上，这也是我们修改润色的依据。

这两部分的内容，我们从制作流程谈到修改润色方法，已经足以让你按部就班地写出故事、修改好故事了。但**学到的终究只是知识，真正用上才是本事，希望能看到你真的尝试写写看，将书上的知识变成你的本事。**

最后一部分，我想跟你分享故事吸附在各种载体中的模样，验证前面讲过的故事技巧，同时随着案例补充一些比较细微的故事技巧。

PART 4

经典范例解析

通过本书的故事技巧，至少我们可以先从解析做起，尝试拆解生活中、网络上爆红的议题涵盖了哪些故事元素，为什么它会红，它做对了什么？

我始终相信，所有的学习，最后一里路叫作“实践”，少了亲身实践的过程，学习就没有真正完成。希望你能真的写下故事，用“实践”为自己的学习加冕！

19 疯传社群帖文解析＆诀窍

人物 = 经历 + 动机

2016 年全联福利中心的粉丝专页办了一场火锅料的票选。选项有高丽菜、金针菇、梅花豚、燕饺、王子面、鲷鱼片，让网友投票哪个是他们最爱的火锅料。这则帖文有超过了 4000 人次分享。

全联除了帮每一种火锅料都取了一个封号 + Slogan 之外，在这波操作中最成功的一点在于，全联小编为每一种火锅料都开了粉丝专页（现在已被修改为各种饮料），让这六种火锅料可以发言互相嘲讽、拉票，与网友互动。

办票选不稀奇，但是将火锅料拟人化就很有趣了，你这辈子应该没试过跟高丽菜聊天，它还会回你吧！

虽然我们创作商品或品牌故事通常都有真实经历当素材，有真实人物的言行可以记录使用，但如果有一天，你需要创作一个虚构故事，故事中人物的言行都需要凭空构思，那就可以用到本篇的人物塑造技巧了。先分享一个人物塑造万用公式：

人物＝经历＋动机

经历决定了人物的性格与背景资料，动机决定了人物的言行与决策。

当你可以设定出人物的经历与动机，说什么做什么都有一个参考依据时，人物就有了前后的一致性，说话不会颠三倒四，也就比较真实了。

在六个品项中，风格化最强烈的就是梅花豚。其他的粉丝专页大抵都是偏向轻搞笑的风格，但只有梅花豚选择走边缘人文青风。它是六个品项中唯一会写诗的，在粉丝团上还连载了自创的《豚之心语》。

没有肉的火锅，犹如，没有附上巧克力的告白信。

没有肉的火锅，犹如，没有局的周五下班后。

没有肉的火锅，犹如，没有好好说再见的一场恋爱。

当制作团队帮梅花豚设定了“边缘人文青风”的人格后，它的发言与留言就有了一个大致规范。有女网友留言：“你是我的心头肉。”梅花豚也会顺势回应：“我想成为你的嘴边肉。”像写诗一般地撩妹。

另外人物的“经历”，也可以成为对话的灵感来源。

像金针菇的粉丝团，有次发文跟网友话家常说：“低温来袭，我知道，大家一定很不想洗头。以我多头经验告诉菇粉们，我选择不洗，或是约朋友泡汤顺便洗。”

这就是从生活中人们常常嫌麻烦不洗金针菇的经验（也就是金针菇的过去经历）中发展出的拟人化的说辞。

另外网友们最喜欢看的，莫过于各个品项还会吵架酸对方，因为设定了“明星票选”，所以每个品项都有一个明确的“动机”，就是要拉票，要获胜，要踩对方。

像梅花豚就会故意在鲷鱼片的留言下拉票说：“我熟了也不会散。”暗酸鲷鱼片煮熟容易散掉。

当高丽菜以第二高票落选时，它却发文说：“自行宣布当选……”这时燕饺就在帖文下留言：“丽菜，醒醒吧！你没有当选。”

当全联粉丝团发布票选冠军并贴出金针菇的照片时，高丽菜还会留言偷酸：“是不是放错丽菜的照片了？”（暗指它才是冠军）这时金针菇也留言回呛：“我好几十颗头都在瞪你。”这句留言也符合金针菇的人格设定。

全联的火锅料拟人化就靠从经历找话题，再由动机构思它们会说什么话、怎么应对，热热闹闹完成了一波社群营销操作。当未来你也需要虚构故事或虚构人物时，别忘了这句心法：

人物＝经历＋动机

设定人物过去发生过什么事，人物想要做什么，人物在故事中的应对都不能违背经历与动机，必须合情合理，有一致性，这样才能让人物的言行更真实！

20 有感电视广告解析&诀窍

不明说，让观众自己看懂的，永远比较美。

电视广告总喜欢做得夸张搞笑，或是编成歌曲或顺口溜来加深印象。没办法，因为电视广告的播出时间只有几十秒，只能先求留下印象。受限于时间，在电视广告中说故事也格外困难。

2012 年，台湾地区的高铁配合着年节将近，推出了一支返乡广告，短短 40 秒却打动了无数观众，连 S.H.E 的 Selina 也深受感动，甚至有网友说，看得都快哭了。它到底是怎么做到的呢？

到底是怎么做到的呢？请你先扫描下方二维码码看看这则广告。

高铁广告

我们用前面学到的故事技巧来解析，它做对了三件事。

物件暗示

在这部影片中，有四个重点对象让人觉得特别有感触，即自行车、白鲳、手机和小尾鱼。这其中除了白鲳，其他三个，自行车、手机、小尾鱼其实是在传达同一个概念。

一尾 600 元（新台币）的白鲳，对一般家庭来说已经算蛮贵的鱼了。爸爸愿意买这么贵的鱼，可以传达爸爸为了女儿“多少都愿意付出”的心态。

另外三个对象的功能，则都在传达“爸爸自己不用过太好”的概念。当爸爸一听到女儿不回来了，就说“换小尾的就好了”，这时小尾鱼与白鲳就是最直接的对比呈现。

爸爸接手机的时候，拍摄角度也刻意让你看到手机的外形，很明显是最便宜、最不讲究的手机。而爸爸的自行车也是最平民的菜篮车，连个变速功能都没有，只是能骑而已。这两个对象都在暗示爸爸平时的生活很简朴节省，不太会花大钱。

由这两个对象助攻，小尾鱼主攻，再与白鲳作对比看出落差。爸爸“我不用过太好，但女儿要过好一点”的心态就不言而喻。

好的对象使用，就是要能读出人物潜在的处境与心态。不明说，让观众自己看懂的永远比较美。

情感运用

影片中运用的情感类型是“亲情”。在台词中又可以读出三大哭泣元素中的两个：离别感与逞强感。

最后女儿说不回来了，爸爸想念女儿却无法见到，这种分隔两地的思念，就符合了离别感的要素。

爸爸听到女儿没时间不回来，他在电话中说：“这样啊，好啦好啦，有时间再回来。”再搭配爸爸的表情，有种“无奈失落却无法说什么”的感觉，毕竟女儿工作忙，爸爸还是要让女儿以工作为先，见面只好以后再说了。

这种失望难过却不能说的感觉，就是逞强感的应用。

人皆有家人，亲情本身就是一个大众最容易有共鸣的情感，短短 40 秒，有父女的离别又有爸爸的逞强，难怪可以如此动人。

真实细节

在第 12 节“具体”中，我们请你多写人物具体的动作与真实的对白，可以帮助读者还原场景，容易想象画面。本影片虽然已经有画面了，但它的许多小细节依然处理得非常生动真实。

当卖鱼老板娘说：“白鲳一斤 600，刚好 600。”

爸爸说“刚好 600”后，有一个差不多 1 秒的停拍，表示爸爸脑中正在思考，接着说：“好啊，不然就买这条。”

有意思的是，爸爸在说出“好啊”的同时，脸上竟然出现了有点开心的笑容。你觉得爸爸在开心什么呢？

这条鱼这么贵，老板也没算便宜，爸爸开心当然不是因为捡到便宜。顺着爸爸的动机思考，剩下的可能性就只有：爸爸想到能让女儿吃好一点（可能还想到女儿满意的表情），就忍不住开心了起来。

一个自然的笑容，就流露爸爸对女儿的疼爱与对女儿回家的期待。

另外当爸爸跟鱼贩说“换小尾的就好了”之前，爸爸还说了一句“歹势啦（不好意思）”，这句话不加不会怎么样，但加了很不一样。

1. 它非常有真实感，很像真人会说的话，也符合爸爸全片中一致的老实形象。

2. “歹势啦”可以看作是一句轻轻的口头禅，但在意义上，它其实也代表爸爸为了女儿而显得卑微，让人更添心酸的感觉。

另外如果你注意听，爸爸的对话还有许多口头碎语，像是他说“想买白鲳帮你补一下”后面有句小声、不明意思的“嗨哗”。而他说“有时间再回来”其实说了两次，第一次说到“有时间再……”就转小声没说完，像是听到另一头的人正在说话，所以先停下，等对方说完。

这些碎语都符合真实说话中的语境，一旦观众被这些小细节说服，认同影片的真实性，情感就会直线上升。

最后，我想留下一个开放题让你思考，想一想，为什么来买菜的是爸爸而不是妈妈呢？为什么在外地的是女儿而不是儿子呢？

当我们明白故事的所有设定、铺陈、细节、对白都必须朝作者的意图推进时，就可以想通他们的用意了。

21 人气平面文宣解析＆诀窍

一旦读者认同了主角，与主角产生了情感联结，这时故事就先成功一半了。

2014 年，日本有家串烧店的店内海报被日本网友拍下照片放在了推特上，仅仅四张海报就引起超过四万名网友的转发，同时也一路红到台湾地区来。那么，这四张海报有什么神奇之处呢？

这四张海报其实是有顺序的。

第一张海报的内容是一只鸡站在路上、背着包袱，包上斜插着一把快跟它身体一样长的大葱。这只鸡看着前方漫长的道路，做了一个决定："那么，我就去当葱香烤鸡串吧！"

第二张海报的内容是鸡坐在飞快行驶的电车上，看向一片绿地的窗外，它心里想着："如果可以把今天早上生下来的鸡蛋带着就好了……"

第三张海报的内容是鸡已经下了车，走在路上却被一只凶猛的狗追着，它迅速逃跑，心里想着："我绝不能在这里被吃掉！"

最后一张海报的内容是经过重重关卡后，鸡终于抵达了串烧店的门口，它对着店内大喊："食材到了喔！"它的冒险也在此画下了句点。

老实说，如果我是在串烧店里看到这些海报，我应该会看着手里的鸡肉串哭吧！这只鸡下定决心、克服重重困难后，被做成了我手中的鸡肉串，这叫我怎么吃得下去啊！到底这份疯传的海报做对了什么事呢？

主角认同

主角鸡在四张海报里的行为与对白，其实都有一个潜藏的动机，那就是"我要去给人类吃"。

"那么，我就去当葱香烤鸡串给人类吃吧！""如果可以把今天早上生下来的鸡蛋带着给人类吃就好了……""绝不能在这里被吃掉！我是要给人类吃的！""食材到了，可以吃了喔！"

这只鸡的每一个念头都是在为我们着想，准备好为了我们牺牲自己。我们自然会发动"恻隐之心"，反而同情它，把它当成朋友，不忍心让它牺牲了。

当忍不住对鸡产生同理心时，我们就会跟它站在同一阵线，一旦读者认同了故事主角，与主角产生了情感联结，这时故事就先成功一半了。

情感运用

当我们看完海报，我们其实已经认同了主角，把主角当成了朋友，这时再想到“它被做成鸡肉串”，天啊，我的朋友被做成了鸡肉串！而且它还是为了我自愿牺牲的！这时离别感就大爆发了。

在这段旅程中，鸡从来没有自怨自艾过，它说“去当葱香鸡串吧”说得轻描淡写；第三张说“绝不能被吃掉”有种决心感；最后“食材到了喔”则是有种任务完成的满足感。不管怎么样，它没有露出一丝难过，但这明明是超级值得难过的事啊！

该难过的时候，却表现开朗坚强，这就是逞强感的应用。双“感”齐下，所以我们心中会有着浓浓的哀伤。

视角对白

如果海报的对白变成第三人称视角的写法，会怎么样呢？

“这只鸡要去当葱香烤鸡串。”“这只鸡希望能带上早上生下的鸡蛋。”“这只鸡不想死在这里。”“这只鸡抵达成为食材。”

改成这样是不是就没有那么有趣、生动、感人了呢？在第 12 节“具体”中我们学到，要多写可以读出情境的原始对话。当对白被改成第三人称，变成中立客观的说明，就读不出人物心中的微情绪了。

特别是文字语气的运用，哪怕只改一点点，说者的心态都有不同意思，比如，把“那么，我就去当葱香烤鸡串吧”改成“好吧，我就去当葱香烤鸡串吧”。

“那么”有种觉悟感，“好吧”则是无奈感。这些看似不重要、可有可无的文字，其实都会默默影响阅读者的观感。

三个技术点总结来看，先从鸡的视角使用第一人称来说话，通过对白的语气体现说者的情绪心态，让主角讨喜、令人感动，最后结尾则带出淡淡的哀伤与心疼。就这样完成了这一波超人气的平面海报。

无论是让看完的人舍不得吃鸡肉，还是让人心怀感激地吃下每一口鸡肉，在读者心中，这只冒险的鸡都已经成了我们重视的朋友。

网络疯传的日本串烧店海报

22 有感微电影解析＆诀窍

我们按照结构设计故事，是为了确保它是个有起伏的故事。

泰国广告的水平国际知名，它们特别擅长拍摄微电影广告。其实，泰国广告（尤其是温馨励志类的广告）多数都有一个明确的套路。

在第 8 节“发展故事情节”中，我们讲了“反常 / 困境 / 改变”的三段结构，还记得结构最核心的心法吗？所有的**结构都是为了制造巨大的情绪落差。我们按照结构设计故事，是为了确保它是个有起伏的故事。**

三段结构中的情绪起伏如下图。

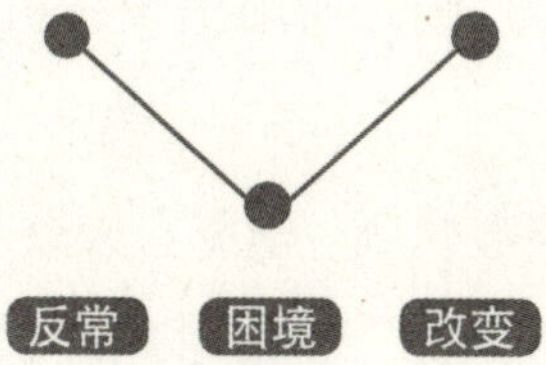

三段结构

如果希望将落差拉得更大，可以将中间的困境再拆成两半，前半段叫“上升段”，抬升情绪，后半段叫“下降段”，急降情绪。如此，情绪落差就会更大，如下图。

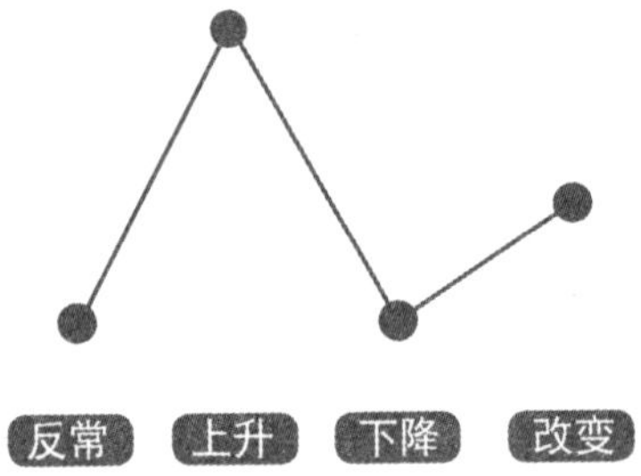

四段结构

拆成四段结构后，可以更有效地拉开情绪落差。但若你对于如何设计四段结构的故事还不太有概念，建议你可以练习找出故事中的三个“转折点”事件。

跨越点：由此事件看出主角下定决心，发起挑战，跨出舒适圈，开始进入顺境。

反转点：由此事件开始，顺境转为逆境，坏事接连发生，跌至谷底。

反弹点：由此事件开始，逆境出现转机，好事发生，有了好的结果。

这三个转折点是多数戏剧、电影、大众小说都会安排的设计。这三个点会将故事切成四段，也就是四段结构。只要设计了这三个转折点的事件，故事的起伏就被拉出来了。

现在你可以扫描下方二维码，先看看《水上足球队》这个泰国广告，也请你做个小练习，尝试在这个广告中找一找：哪个事件是跨越点事件？哪个事件是反转点事件？哪个事件是反弹点事件？

水上足球队

看完影片，你应该可以说出答案。我先尝试将影片中所有的事件都列出来：

1. 泰国攀易岛上有群爱看足球的男孩，有一天他们决定组建一支足球队。

2. 岛上建筑大多建在水上，没有足球场，大人也笑他们不会成功。

3. 男孩们决定动手建造一个水上的足球场。

4. 球队开始在不稳、湿滑的水上足球场上赤脚练习。

5. 有一天得知将举办球赛，球队决定参加，大人们也为其提供服饰并到场加油。

6. 球队实力强大，一路过关斩将。

7. 半决赛时下起大雨，对手实力强大，而男孩们的鞋子开始进水，脚步被拖慢。

8. 上半场被对方得了两分，队伍士气低落。

9. 男孩们决定脱下鞋子，赤脚踢球。

10. 擅长赤脚踢球的男孩们，反追两分至平手。

11. 比赛最后以一分之差饮恨，但男孩们已经很高兴了。

12. 如今他们有了新的场地，也成为泰国南部最好的球队之一。

这个“条例式大纲”是在写故事前做的准备工作，可以帮你看出故事整体的因果与转折。现在我要公布“三转点”的答案了。

影片中的“跨越点事件”是大纲的第三点，主角们尝试突破没有场地的限制。接着就进入了“上升段”，他们练习、参加比赛、有大人加油、比赛过关斩将，大抵都是顺境。

之后“反转点”发生了，在大纲的第七点，故事进入了“下降段”：比赛时下起大雨，对手又强，鞋子进水拖慢步伐，他们无法发挥实力，接连失分，看似要输了，来到了最低潮。

最后“反弹点”是大纲的第九点，他们脱鞋子之后找回实力，差点打败强敌，虽败犹荣，也带起了小岛的足球风气。

如果我们将影片中的事件画成情绪曲线会如下图所示，标准的四段结构设计，反白字的就是三大转折点。这相对于三段结构能够做出更好的落差感。

学到这个技巧后，你再看英雄片、喜剧片、爱情片、动画片的时候，就可以找出它们的“三转点”分别是哪三个事件，这时你会惊讶地发现它们其实都是老老实实照着同一套方式编出来的。这就是商业电影的胜利方程式。

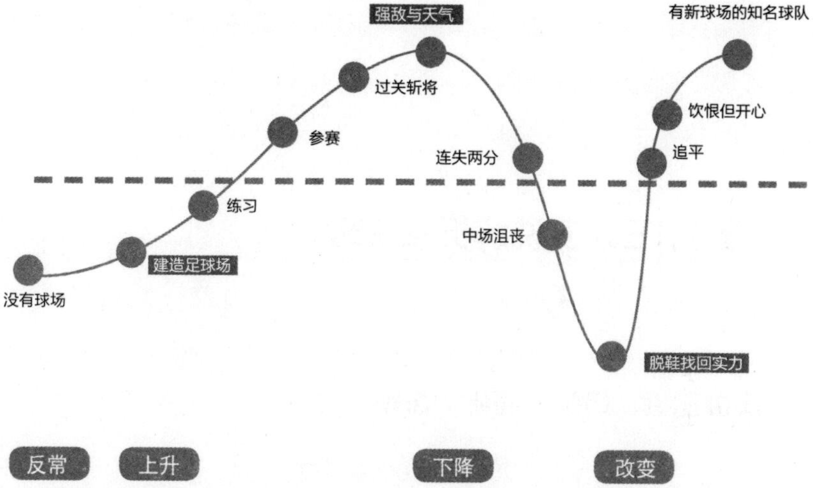

广告《水上足球队》的四段结构设计

回到你的故事中，想将落差做得更大，同样也可以先设计三大转折点，由三点拆分出四段结构设计！

23 爆红 TED 演说解析＆诀窍

演讲三招：切身、简化、奇观。

你知道每年杀死最多人的生物是什么吗？

我先公布第三名——蛇，每年会杀死 6 万人。第二名则是我们自己——人类，每年会杀死 58 万人。既然人类只拿第二，还有什么生物能夺得第一呢？

也许有些人会猜细菌、病毒、寄生虫之类的，这些答案都算擦到边了，因为第一名就是这些传染病的好助手——蚊子，每年会杀死 83 万人。

蚊子可传播疟疾、黄热病和登革热等传染病。尤其是疟疾，微软的创办人、前世界首富比尔·盖茨也曾说过："每分钟世界上就有一个孩子死于疟疾。"

多年来比尔·盖茨也一直致力于疟疾的防治工作，亲自出钱出力倡导。在 2009 年的 TED 演说上，他就花了一半的时间讲疟疾防治。

当然这会是一个严肃的话题，需要提到不少数据，所以可以想象内容应该颇为沉闷。但演说完之后，比尔·盖茨却成功地吸引了各大媒体报道他的演讲，除了他是比尔·盖茨之外，他到底做了什么事呢？方法很简单，那就是让大家都受害。

演讲刚开始的前 5 分钟，比尔·盖茨的内容真的不算太有趣，他提到了儿童历年的死亡率、疫苗的普及、疟疾的历年致死人数、疟疾流行区域的历史变化。

以上这些光看就知道不是那种会让人充满兴致一直想听的内容，比尔·盖茨也知道。所以他在听众注意力快要涣散的时候，将桌上的透明罐子打开。它不是一个空罐子，它是装满蚊子的罐子。

比尔·盖茨就这样放飞蚊子，让在场听众感受蚊子的嗡嗡声，身处被叮咬的危机之中。

前一刻他才刚让听众得到一个信息：疟疾由蚊子传染，每年杀死百万人。下一刻就放出蚊子飞入人群，宛如生化攻击。

虽然比尔·盖茨故意停顿一下之后，说明这些蚊子并没有携带病菌。但蚊子都已经被贴上了“坏标签”，听众仍会不由得紧张害怕。

这招成功让听众集中起注意力且印象深刻，也让媒体争相报道，关注这个议题。它其实就是我们在第 16 节“机制”中讲过的“切身法”。

切身相关

因为人只会关注与自己息息相关的议题，无论比尔·盖茨怎么跟我们说“每分钟世界上就有一个孩子死于疟疾”，我们也不痛不痒，难以感同身受，只因为它实在离我们太遥远。

比尔·盖茨放蚊子这招，就是要让危机与你我有关，大家就会注意且在意。

同时这招也运用了另一个机制——奇观法。

震撼奇观

从来没有想过有人会这样做，前所未见，所以自然成为媒体报道、大众谈论的话题。

4 年前我参加过一场讲座，主讲者要形容自己当年肺泡破裂的病史时，他拿出了一个透明塑料袋吹满气，全场听众就错愕地看着他在台上吹气。当吹满气后，他像拍破气球一样，用手大力一拍，砰的一声拍破透明塑料袋，听众都吓了一大跳。

虽然这样的肺泡破裂比喻不见得精确，但过了 4 年，我都忘了他说过什么内容，但我依然记得他的这个“奇观”行为。

信息简化

最后一刻，比尔·盖茨在演讲中同样将一些难懂的概念，简化成好懂好记的说法。在演说的后半段，他谈论的话题是“教育系统的改革”，要让每个人的受教育权都是平等的。

当他念出统计数字时，的确相当难有感觉，比如，高三学生的辍学率超过 30%，少数族裔学生的辍学率超过 50%；即便是高中毕业，来自低收入家庭的学生也只有 25% 的人能完成大学学业。以上的说法就是照搬数据，真实精准但冰冷。所以比尔·盖茨又补充了一句：

“在美国如果你是低收入户的话，那么你进监狱的机会，反而高于你获得大学学位的机会。”

他将进监狱与大学毕业相比，就清楚凸显了教育对于低收入户的不公平与潜在的社会危机。此句立刻成为本次演讲的金句之一。

还有一句更妙，比尔·盖茨展示现今世界上疟疾流行的地区，发现一个现象，只有贫困国家才会受到这个疾病的肆虐，因为他们缺乏资金（研究、药物与设备）对抗疟疾。这时比尔·盖茨说：

“我们投入研发治疗秃头的资金，比研究防治疟疾的还多。”

同时他还幽默地补充：

“当然秃头超可怕，有钱人都饱受痛苦。这也是为什么它比投资疟疾还来得重要的原因。”

全场顿时响起笑声与掌声，这句话也成为让人们印象深刻、津津乐道的金句。

登台演说或做简报就是大量输送信息给听众的过程。如何让听众在意、听懂、记住，就可以使用以下三招。

1. **切身**：让听众知道这个讲题跟你有关，建立联结，引发好奇与在意。

2. **简化**：善用比喻或模拟法，由一个熟悉的事物搭桥，让概念更具体。

3. **奇观：**从讲题出发，设计一个前所未见的桥段，爆点就是记忆点。

24 人气节目脚本解析&诀窍

我不是为了我自己，我是为了我儿子与每一个热爱 Hip-hop 的人。

2017 年刮起了一股嘻哈旋风，一档说唱歌手的选秀节目《中国有嘻哈》也红到了台湾地区，许多人争相模仿节目明星吴亦凡的口头禅："你有 Freestyle 吗？"

在节目前半段，引起观众热烈讨论的就是蒙面参赛者"嘻哈侠"。不得不说节目能成功，"嘻哈侠"的设计绝对是相当重要的存在。而节目的编排剪接，完整呈现了一个英雄的奋斗故事，也呼应了我们教过的故事技巧。

读者一开始必须认同或支持主角

在访谈中，嘻哈侠说，有次听到他的儿子跟同学聊超级英雄，有同学说自己喜欢 Iron-Man（钢铁侠），有同学说自己喜欢 Spider-Man（蜘蛛侠），而他的儿子却说：

“我喜欢我爸爸，我爸爸是 Hip-hop Man。”

所以他决定用“嘻哈侠”的身份参赛。这是一个为了自己儿子的故事啊！

同时他也希望隐藏真面目后，人们可以专注于他的音乐，而不是他个人的过去。他说：

“嘻哈侠代表的是每个喜欢 Hip-hop 的人，所有喜欢 Hip-hop 的人都是嘻哈侠。”

天啊，这不就跟电影《食神》中周星驰说的“只要有心人人都是食神”同一个道理吗？嘻哈侠在此已经将自己的动机“崇高化”。

我不是为了我自己，我是为了我儿子与每一个热爱 Hip-hop 的人。

通过这两段访谈，观众心中已经对“嘻哈侠”有好感了。但还不够，观众还是想知道他到底是谁。其实从他的演出与身体特征，网友很快就推断出他就是华裔传奇饶舌歌手欧阳靖。

欧阳靖最狂的事迹，就是在美国著名的说唱对战节目中连续拿下七周冠军，打败了无数看不起他的白人、黑人选手。

你想想，他是在黑人的场子、用黑人最引以为傲的说唱，打败了他们。天啊！这事迹堪比李小龙与叶问，是战胜歧视、打败外敌的“民族英雄”，谁能不支持认同！

陷入困境，期待主角能得到解救、走出困境

既然嘻哈侠实力强大，理念崇高，声誉显著，众人拜服，那么比赛直接颁冠军给他好了，也不用比了嘛！

但是慢着，就跟超人怕氪星石一样，嘻哈侠也是有致命弱点的。那就是《中国有嘻哈》应该多用中文来说唱，但欧阳靖的中文连说都说不流利，自然多数说唱还是使用英文。

评审热狗也说了："我们第一届出来的优胜选手……他不应该是（说唱）英文那么多的一个优胜选手。"这就是嘻哈侠的致命危机，当认同感已经建立，我们就会忍不住为英雄紧张。

他为了克服这项弱点，不停苦练，尝试在英文中慢慢夹入普通话、粤语，最后甚至要挑战全中文演出。而节目组给他的时间只有短短 24 个小时，从零开始写词、背词、排演，他必须用自己的弱项去对战别人的强项。他没有怨言，拼尽全力，拿着手机翻译不停练习，但表演成果真的不尽理想。

这样的设计其实也涵盖了我们在"机制"中提到过的许多元素。

1. **矛盾**：嘻哈高手却无法发挥说唱实力。

2. **突兀**：成名高手却归零现身海选舞台。

3. **悲剧**：努力之后，仍然不尽理想，濒临淘汰。

4. **两难**：评审必须考虑实力受限与表现成果，决定是否淘汰他。

如此充满冲突张力的设计！到此节目已经红透半边天，完全就是一场真人戏剧大秀！

看见改变，呈现主题，崇高理念感召

最后嘻哈侠真的被淘汰了，但他没有输。皮克斯[①]的说故事守则中，第一条写着：

敬佩英雄的努力，多过于敬佩他的成功。

这是一个最完美的结果，因为嘻哈侠没有被任何人打败，他的敌人一直都只有他自己，而他也一直朝自己的弱点发起挑战。

而在评审挣扎要淘汰谁的时候，摄影机拍到嘻哈侠小声祈祷着，他不是祈祷自己别被淘汰，而是祈祷自己能被淘汰。他小声说着：

“挑我吧，挑我吧，他们（他的竞争者）都值得留下，他们值得留下……”

在比赛中，他没有想着赢，而是想着传承给更年轻的下一代，这种无私的举动让他成了真正的英雄。在这段历程中，嘻哈侠自己也改变了，成长了。他在告别时说：

“这个经验绝对改变我的生命，因为从很小我就已经爱上 hip-hop，然后把我的生命交给它……参加这个比赛，真的让我有一种重生的感觉，好像我 16 岁的感觉……重新再认识嘻哈……”

① 皮克斯动画工厂（Pixar Animation Studios），也称皮克斯动画工作室、皮克斯动画公司，简称皮克斯。

这正是我们说的“改变”，主角哪怕是一个传奇级的人物，也在故事最后重新燃起热情，找回最初的自己，蜕变到下一个人生阶段。舞台上，欧阳靖含着泪笑着告别说：

“我哭不是因为我很伤心，是因为我很开心。”

离别感与逞强感再次爆发！在场的参赛选手无不流下眼泪。

所以，与其说《中国有嘻哈》是一档选秀节目，不如说它是一场编排完美的英雄旅程，由真人为我们上演了一个感动人心的好故事。

后记

靠故事营销打动人心

所有的学习，最后一里路都叫作“实践”。

我深深相信故事有魔力，甚至相信故事有杀伤力。最后我想与你分享一个故事。

一位作家老师分享说，他曾经将自己的爷爷在养老院生活的情况，写成文章发表，而他的确感觉到养老院提供的照顾有瑕疵与不足。

对他来说，他只是如实陈述所见所感。

没想到这篇文章默默发挥了巨大的影响力，许多家属看到文章后，立刻将他们的家人转院，养老院也顿时陷入营运困难。

当作家再次探望爷爷时，院方忍不住向他大吐苦水说：“你害惨我们了。”并说明养老院并不是不想给老人家好的照顾，他们确实已经尽了全力，甚至一直都在亏损经营，也一直义务照顾着许多没有家人的老人。

对院方来说，他们已经如此努力，倾尽所能，到底何错之有？

虽然作家老师立刻发文澄清，可是养老院最终依然宣告倒闭。

这就是我想跟你分享的心得：

你眼见的事实，不一定是真相。

在复杂的世界里，往往只有立场、观点，而没有绝对的真相。

所以，当你想运用故事技术包装任何人、事、物或价值观时，请先问问你自己，你真的认同他吗？他的正义有没有无形中伤害了其他人呢？

当你想用故事技术攻击任何人、事、物或价值观时，请先问问你自己，你是对的，就一定代表他是错的吗？他会不会也有他的崇高理念呢？

我常常提醒自己一句话：

你是对的，他也可能是对的。

故事技术没有善恶，它只是工具，不懂说故事包装的人，他依然可以用低俗的言语羞辱，用蛮横的拳头挥击，用团体的孤立霸凌。

无论能用的工具是什么，重点是“包装者”或“攻击者”如何选择该不该行动。

选择出击下重手之前，我们需要再三了解与沟通。

我们无法靠羞辱、拳头与霸凌来沟通，但值得庆幸的是，故事可以。我们学会的故事技术，就是沟通的渠道。

学会好好说一个故事，可以帮助我们的话更温柔地传递，而且更容易被包容、被记住、被分享、被讨论。

故事营销的确是打动人心的工具，它可以是北风，也可以是太阳，希望我们都能妥善使用它，让世界充满更多感动、希望与爱。

通过一系列的案例解析，从帖文、平面、影像，到企划、演说，我更想传达的是“活用故事技巧”的观念。

通过本书的故事技巧，至少我们可以先从解析做起，尝试拆解生活中、网络上爆红的话题涵盖了哪些故事元素，为什么它会红？它做对了什么？

当我们要做任何宣传、沟通、企划项目时，都想一想可以运用哪些故事技巧，就算版面不够说故事，故事营销也依然大有可为。

我始终相信，所有的学习，最后一里路都叫作“实践”，少了亲身实践的过程，学习就没有真正完成。希望你能真的写下故事，用“实践”为自己的学习加冕！

愿故事思维成为你生活中的缪斯，为你带来源源不绝的创造力。

致谢与书单

在知识的大海里，感谢许多好书与演讲成为我的巨人，是你们让我能看得更远、想得更多，对于本书完成有所帮助的参考书目与影片在最后列上并推荐给读者，谨以此表达我对诸位大师的诚挚感谢。

（按笔画排序）

TED 演讲《一个广告人的生命启示》 罗里·苏瑟兰（Rory Sutherland）

《一写就热卖：照抄就很好用的 101 个推坑写作术》 山口拓朗

《小说课》《故事课》系列 许荣哲

《大小说家如何唬了你》 丽萨·克龙（Lisa Cron）

《大脑会说故事》 乔纳森·哥德夏（Jonathan Gottschall）

《先让英雄救猫咪》 布莱克·斯奈德（Blake Snyder）

《你的点子需要牙签》 戴夫·托特（Dave Trott）

《故事要疯传成交就用这五招》 火星爷爷

《创意黏力学》 奇普·希思、丹·希思（Chip Heath &

Dan Heath）

《从零开始的获利模式》　于为畅

《乔布斯传》　沃尔特·艾萨克森（Walter Isaacson）

最后特别感谢我的恩师许荣哲老师，是他的才华、热情与温暖影响了无数写作者，让他们的生命更具意义，而我有幸成为其中之一。